S0-BJI-815

Una Introducción Básica
a
UN CURSO DE MILAGROS

Una Introducción Básica
a
UN CURSO DE MILAGROS

KENNETH WAPNICK, Ph. D.

Foundation for A Course in Miracles®

Título original: *Talk Given on A Curse in Miracles*

Título en castellano: *Una introducción básica a* Un curso de milagros

Centeno 79-A, col. Granjas Esmeralda
C. P. 09810, México, D. F.
Tel. 5581 3202
www.lectorum.com.mx
ventas@lectorum.com.mx

Bajo acuerdo con:

Carrer de Balmes, 349 Ppal 1a.
08022 Barcelona, España
www.elgranodemostaza.com

Primera edición: octubre de 2010
ISBN: 978-607-457-141-7

Impreso y encuadernado en México.
Printed and bound in Mexico.

CONTENIDO

Prefacio de la segunda edición en español (1994)

Esta nueva edición ha sido ligeramente revisada con nueva numeración de páginas. El título del libro fue antes *Un curso de milagros: una introducción básica*. Esta segunda edición también incluye un índice a las referencias a *Un curso de milagros* Las citas al Curso ahora se refieren a la edición del Curso en español, recientemente publicada (1993), la que contiene una numeración para todos los párrafos y oraciones, así como para los capítulos y secciones del texto; lecciones e introducciones en el libro de ejercicios para estudiantes; preguntas en el manual para maestros; y los vocablos en la clarificación de términos. Así pues, las referencias se dan en las formas indicadas en los ejemplos siguientes:

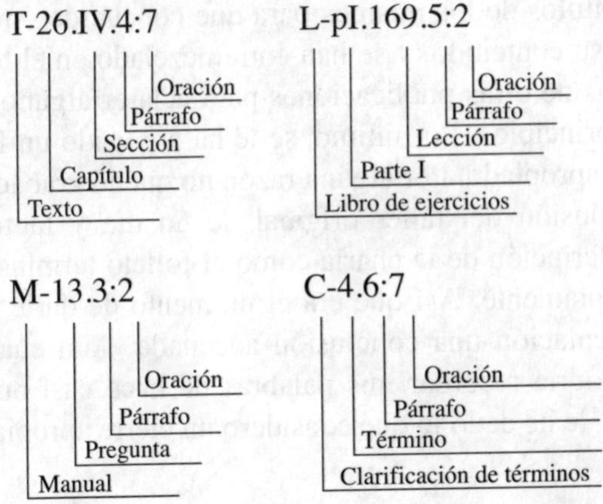

Aparte de estos, el libro virtualmente no ha sufrido cambios.

Prefacio de la tercera edición (1989)

Esta tercera edición exige una explicación. El éxito del folleto original fue tan sorprendente que sentimos merecía un retoque en camino hacia su cuarta publicación: como consecuencia surgió este nuevo formato de la "Charla" como libro, y el subtítulo agregado para identificar mejor su tema. Igual que en las publicaciones anteriores, el material básico se mantiene sin cambio alguno. No obstante, se le han hecho mejoras: se hace referencia precisa a las citas de *Un curso de milagros*. se ha reajustado parte del material de los últimos capítulos, se han modificado los títulos de los mismos para que concuerden mejor con su contenido, y se han entremezclado en el texto tablas de otras publicaciones para aclarar algunos de los principios. Por último, se le ha agregado un final más apropiado. Por alguna razón no quedó grabada la conclusión del taller original de un día y tanto la transcripción de la charla como el folleto terminaban abruptamente. Así que era el momento de darle a la presentación una conclusión adecuada. Aun cuando no podría recordar mis palabras de hace casi nueve años, le he dado lo que considero un cierre apropiado.

También hemos incluido en esta nueva edición información sobre la Fundación, y el Centro de Conferencias y Retiros que se inició después de la última publicación. Es nuestro deseo en la Fundación para "Un curso de milagros" que esta edición revisada atienda mejor las necesidades de estudiantes del Curso con una introducción sencilla y comprensiva de los principios básicos de este importante documento espiritual.

Como siempre, agradezco mucho a mi esposa, Gloria, Vice-Presidente de la Fundación, por su permanente devoción y compromiso de mantener la integridad de *Un curso de milagros* en general, y en particular de las publicaciones de la Fundación, sin dejar de mencionar sus justas sugerencias para este nuevo formato de la "Charla". También mucho agradezco a Rosemarie LoSasso, Directora de Publicaciones de la Fundación, por su fiel dedicación en el cumplimiento de los propósitos de nuestra Fundación, en forma y contenido, y por su ayuda específica en la preparación de esta publicación revisada.

Prefacio de la segunda edición (1987)

A punto de imprimirse la tercera edición del folleto, y en vías de traducirse al español y al holandés, pensé que debería revisarlo nuevamente. Realmente yo no había leído el folleto desde su primera publicación y empecé a hacerlo con cierto recelo. Habían pasado aproximadamente cuatro años desde su primera publicación, y cerca de seis desde el taller original, y sabía que muchas cosas las presentaría en forma distinta. Sin embargo, me sorprendió con agrado lo bien que impactaba el folleto. Es cierto que había planteamientos que deseaba hacer y que no había hecho; algunos puntos que quería presentar en forma distinta; no obstante sentí que en términos generales la presentación hacía un buen énfasis sobre algunos de los puntos más esenciales del Curso.

Resulta interesante que el traductor holandés, Gerben Andriessen, me enviara una cinta del taller original, de la cual se había hecho la primera transcripción. Esta era la primera vez que escuchaba la cinta, y descubrí que cerca de una quinta parte de la charla de Connecticut había sido omitida de la transcripción. Aunque lo que faltaba no demeritaba sustancialmente la charla, la omisión, no obstante, consistía de material pertinente que realzaba la presentación. Por lo tanto, he restaurado casi todo este material, lo que contribuye a una publicación más amplia y más rica. Además, he hecho algunos cambios menores al material que se publicó originalmente, al incluir frases adicionales que aclaran la presentación en varios lugares y he realizado alguna "limpieza general" de gramática descuidada, estructura de oraciones, etc.

A pesar de estos cambios la cualidad informal de la "Charla" se ha preservado y se mantiene como la transcripción de una charla y no como una presentación escrita más formal. Así pues, me place haber resistido la tentación de volver a escribir el folleto, el cual se mantiene básicamente como se hizo inicialmente y ahora es más fiel aún a la charla original.

Agradezco a mi esposa Gloria por la cuidadosa lectura que hizo de las distintas fases de la vida del folleto y, como siempre, por sus útiles comentarios y sugerencias; y a Rosemarie LoSasso por la amable lectura que con ojo crítico le hizo al manuscrito y por la supervisión del trabajo de imprenta de la edición revisada.

Prefacio (1983)

Esta es una transcripción de un taller de un día que dí en Madison, Connecticut, USA el día 9 de mayo de 1981, cómo parte de un retiro de nueve días dirigido por Tara Singh. La publicamos ahora como respuesta a múltiples peticiones para que hiciéramos una presentación breve de los principios de *Un curso de milagros* y específicamente que transcribiéramos este taller. Con suerte, este folleto llenará esa necesidad. El mismo está impreso virtualmente tal como se dio el taller, sólo tiene unos cambios menores que mejoran su legibilidad. Sin embargo, para una presentación más profunda de los principios del Curso, de sus implicaciones en nuestra vida diaria y de la relación del Curso con la cristianismo, se invita al lector a consultar *El perdón y Jesús: el lugar de encuentro entre "Un curso de milagros" y la cristianismo* (publicado por la Foundation for "A Course in Miracles," 1275 Tennanah Lake Rd., Roscoe, NY 12776-5905, USA).*

Agradezco a Emily LeVier de Mahwah, New Jersey, USA por facilitarme esta transcripción hace un año y por ser la primera en sugerirme que la imprimiera, y le estoy especialmente agradecido a la persona anónima del retiro que pasó a máquina el material de la cinta que se grabó durante el taller.

Addendum a la segunda impresión (1985)

La "persona anónima" es Fred Marsh de Los Alamos, Nuevo México, USA.

---

* *Forgiveness and Jesus: The Meeting Place of "A Course in Miracles" and Christianity.*

Capítulo 1

LA HISTORIA DE *UN CURSO DE MILAGROS*

Una de las cosas interesantes acerca de cómo llegó a ser escrito *Un curso en milagros* es el proceso mismo de cómo se escribió y la historia que lo rodea pues proveen un ejemplo perfecto de los principios básicos del mismo. El mensaje central del Curso es que la salvación llega en cualquier instante en que dos personas se unen para compartir un interés común o trabajar hacia una meta común. Esto siempre envolverá algún aspecto del perdón, sobre el cual hablaremos más adelante.

Las dos personas responsables del *Curso de milagros* fueron Helen Schucman, quien falleció en febrero de 1981, y William Thetford.[1] Ellos eran psicólogos del Columbia-Presbyterian Medical Center en New York City, USA. Bill[2] había llegado allí primero, en 1958, y era el Director del Departamento de Psicología. Helen se unió a él pocos meses después. Durante los primeros siete años de su relación tuvieron muchas dificultades el uno con el otro. Sus personalidades eran totalmente opuestas. Aun cuando en

---

1. William Thetford falleció en julio de 1988.
2. Nombre familiar en inglés que se le da al nombre William.

un nivel trabajaban muy bien juntos, en el nivel personal existía una gran tensión y ambivalencia. No sólo existían dificultades debido a su propia relación sino que tenían dificultades con otros miembros del departamento, con otros departamentos del Medical Center, y en su trabajo en otras disciplinas con otros centros médicos. Era la atmósfera típica de una universidad o centro médico grande, y Columbia no era distinta a ningún lugar de estos.

El punto crucial surgió un día de primavera en 1965 cuando Helen y Bill tenían que cruzar la ciudad para ir al Cornell Medical Center, donde asistirían a una reunión interdisciplinaria corriente. Por lo general, estos eran asuntos muy desagradables llenos de rivalidades y ofensas, algo común en un medio universitario. Helen y Bill también formaban buena parte de ello, juzgando y criticando a otras personas. Pero este día, justo antes de partir para la reunión, Bill, que era un hombre más bien callado y modesto, hizo algo fuera de lo usual. Le dio un discurso apasionado a Helen en el cual le dijo que él consideraba que tenía que haber una mejor forma de manejar estas reuniones y la clase de problemas que surgían en las mismas. Sentía que tenían que ser benévolos y menos duros, en vez de ser tan competitivos y críticos.

Igualmente inesperada y ajena a su carácter fue la respuesta de Helen. Ella estuvo de acuerdo y se comprometió con él a encontrar esa otra forma. Este acuerdo no iba con la manera de ser de ellos pues tendían más bien a criticarse que a aceptarse mutuamente. El unirse fue un ejemplo de lo que el Curso llama un instante santo y, como dije al principio, el instante santo es el medio hacia la salvación.

En un nivel del cual ninguno de ellos tenía conciencia, ese instante fue la señal que abrió la puerta a toda una serie de experiencias que Helen empezó a tener, tanto despierta como en sueños. Mencionaré algunas de ellas, las cuales tienen tanto una fuerte naturaleza psíquica como un fuerte aspecto religioso, puesto que la figura de Jesús empieza a aparecer progresivamente en forma regular. Lo que hacía de esto algo inesperado era la posición que Helen había adoptado en ese momento de su vida. Ella estaba en sus cincuenta y había asumido el papel de atea militante, disfrazando astutamente su amargo resentimiento hacia un Dios que ella consideraba no había obrado bien con ella. Así que era agresiva hacia cualquier clase de pensamiento que ella juzgara dudoso o ambiguo e incapaz de ser estudiado, medido y evaluado. Ella era una psicóloga investigadora muy buena. Tenía una mente aguda, analítica y lógica y no toleraba ningún tipo de pensamiento que se desviara de eso.

Desde que era niña Helen tenía cierta capacidad psíquica, como para ver cosas que no estaban ahí. Sin embargo, nunca le prestó mucha atención a eso, segura de que todos tenían esa habilidad. A una edad temprana tuvo una o dos experiencias místicas impactantes, a las que tampoco les prestó mucha atención. De hecho, apenas había mencionado hasta ahora tener todas estas experiencias. Por cierto, resultó sorprendente que ella empezara a tenerlas. Además, esas experiencias la asustaron muchísimo; parte de ella temía volverse loca. Estas cosas no eran normales, y si Bill no hubiera estado allí para apoyarla y animarla creo que ella hubiera suspendido todo el proceso.

Es importante reconocer lo fundamental que fue para Helen la ayuda y colaboración de Bill. De lo contrario, *Un curso de milagros* jamás se hubiera escrito. Así que ya ustedes están viendo otro ejemplo del principio básico del Curso. El mismo se repite una vez tras otra, en formas distintas: "La salvación es una empresa de colaboración" (T-4.VI.8:2),[3] "Al arca de la paz se entra de dos en dos" (T-20.IV.6:5), "Nadie puede entrar en el Cielo solo" W-pI.134.17:7), y "juntos alzarán…o no la alzarán en absoluto" (T-19.IV-D.12:8). Si Helen y Bill no se hubieran unido en esta empresa no habría Curso, y no estaríamos reunidos hoy aquí para hablar sobre él.

---

3. Vea el prefacio para explicación sobre esta anotación.

Toda una serie de experiencias que Helen tuvo durante el verano llegaron como en episodios. La misma le llegaba en segmentos durante la vigilia; no era un estado de sueño. La serie de experiencias empezó con ella caminando a lo largo de una playa desierta donde encontró un bote encallado en la arena. Se dio cuenta de que su trabajo era sacar el bote de la playa y tirarlo al agua. Sin embargo, no había forma en que ella pudiera hacerlo puesto que el bote estaba demasiado encallado en la arena. En medio de esto apareció un extraño quien le ofreció ayuda. Entonces Helen observó que en el fondo del bote había, lo que ella describió como un antiguo aparato receptor y proyector. Ella le dijo al extraño: "Quizá esto nos ayude." Pero él dijo: "Todavía no estás lista para eso. Déjalo ahí." Y él sacó el bote de la playa y lo tiró al agua. Cada vez que había problemas y mares tormentosos este hombre siempre aparecía para ayudarla. Después de un tiempo ella reconoció que el hombre era Jesús, aun cuando él no lucía como usualmente pensamos de Jesús. Siempre estaba cerca para ayudarla cuando las cosas se ponían difíciles.

Finalmente, en la última escena de esta serie el bote alcanzó su destino en lo que parecía un canal, donde todo era calmado, quieto y pacífico. Había una caña de pescar en el fondo del bote, y al final del cordel, en el fondo del mar, había un cofre del tesoro.

Helen vio el cofre y se emocionó mucho porque en ese momento de su vida le gustaba mucho todo tipo de joyas y cosas bonitas. Anhelaba descubrir qué había en el cofre. Lo sacó pero fue grande su desilusión cuando al abrirlo sólo vio un libro negro grande. Eso era todo lo que había allí. En el lomo del libro estaba escrito el nombre, "Aesculapius", el dios griego de la sanación. Helen no reconoció el nombre en ese momento. Fue sólo años después, cuando el Curso se había escrito a máquina y se había puesto en carpetas para tesis, cuando ella y Bill se dieron cuenta de que lucía exactamente como el libro que ella había encontrado en el cofre del tesoro.

Ella miró el cofre del tesoro nuevamente y esta vez el mismo tenía un collar de perlas a su alrededor. Unos días más tarde tuvo un sueño en el que una cigüeña volaba sobre algunas poblaciones y en su pico llevaba un libro negro con una cruz dorada encima. Una voz le dijo: "Este es tu libro." (Esto fue justo antes de que el Curso llegara.)

Hubo otra experiencia interesante en la cual Helen se vio a sí misma caminando hacia una cueva. Era una cueva muy antigua y en el piso había algo parecido a un pergamino del Tora con dos varas a los lados, alrededor de las cuales estaba envuelto el pergamino. (El Tora es la primera parte del Antiguo Testamento.) Era muy antiguo. Tanto, que cuando Helen lo alzó la pequeña cuerda que lo ataba cayó y se desintegró. Ella miró el pergamino, lo desenrolló y en el cuadro central estaban las palabras, "DIOS ES". Ella pensó que era muy bonito. Luego lo desenrolló un poquito más y había un panel en blanco a la izquierda y otro panel en blanco a la derecha. Y esta voz le dijo: "Si miras a la izquierda podrás leer todo lo que ha sucedido en el pasado. Y si miras a la derecha podrás leer todo lo que sucederá en el futuro." Pero ella dijo: "No, eso no me interesa. Todo lo que quiero es el panel central."

Así que Helen enrolló nuevamente el pergamino para que lo único que se viera fueran las palabras, "DIOS ES". Entonces la voz le dijo: "Gracias. Esta vez lo lograste." En ese momento ella reconoció que había pasado un tipo de prueba que evidentemente no había logrado pasar antes. Lo que esto realmente significaba era que ella había expresado un deseo de no hacer mal uso de la habilidad que tenía; en otras palabras, no utilizarla para ningún tipo de poder o curiosidad. Lo único que ella verdaderamente buscaba era el presente, donde se encuentra Dios.

Una de las lecciones del libro de ejercicios para estudiantes dice "Decimos 'Dios es', y luego guardamos silencio", porque no hay nada más que decir fuera de esas dos palabras (L-pI.169.5:4). Creo que ese pasaje se refiere a esta experiencia en la cueva. Existe un fuerte énfasis a través del Curso en torno a la idea de que el pasado ya no existe y que no debemos preocuparnos por el futuro, que tampoco existe. Sólo debemos ocuparnos del presente, puesto que éste es el único lugar donde podemos conocer a Dios.

Una anécdota final: Helen y Bill se dirigían a la Mayo Clinic en Rochester, Minnesota, para pasar un día estudiando como allí hacían las evaluaciones psicológicas. La noche anterior Helen vio en su mente un cuadro muy claro de una iglesia que al principio ella creyó que era católica pero luego se dio cuenta que era luterana. La vio tan claramente que la dibujó. Mientras la contemplaba en su visión se convenció de que ella y Bill verían esta iglesia cuando su avión estuviera aterrizando en Rochester. Esta iglesia, pues, se convirtió en un símbolo muy poderoso de su cordura, pues para entonces dudaba de la misma ya que realmente no podía comprender todas estas experiencias internas. Ella sentía que si podía ver la iglesia esto le aseguraría que no estaba loca. Sin embargo, cuando aterrizaron no vieron la iglesia. Helen se puso frenética, así que Bill contrató un taxi para que los llevara a cada iglesia en Rochester. Creo que había cerca de veintiséis iglesias en la ciudad, pero no encontraron la iglesia de Helen. Ella se encontraba muy molesta pero no había nada más que hacer esa noche.

El siguiente fue un día muy ocupado y por la noche regresaban a New York. Mientras esperaban en el aeropuerto, Bill, que siempre era bueno para este tipo de cosas, escogió casualmente un libro sobre Rochester que creyó le gustaría a Louis el esposo de Helen. El libro contenía la historia de la Mayo Clinic y al hojearlo Bill vio una lámina idéntica a la iglesia que Helen había descrito. Estaba en el viejo solar donde se encontraba la Mayo Clinic, puesto que la iglesia había sido demolida para construir la clínica. Helen la había visto como sobre volando puesto que la iglesia ya no estaba allí; la estaba mirando hacia abajo en el tiempo. Esto la hizo sentir algo mejor, pero este no es el final del relato.

Helen y Bill tenían que cambiar de avión en Chicago. Ya era tarde en la noche y estaban cansados. Estaban sentados en el aeropuerto cuando Helen vio a una mujer sentada frente al área de espera, ocupada en algo. Helen captó que la mujer estaba muy inquieta, aun cuando no había señales externas al respecto. Se dirigió a la mujer, algo que normalmente no hubiera hecho pero que realmente sintió el impulso de hacer. Justamente la mujer estaba muy inquieta. Acababa de abandonar a su esposo e hijos y se iba a New York donde nunca había estado antes. Tenía sólo trescientos dólares que iba a usar para alojarse en New York y, además, estaba aterrorizada porque jamás había volado. Helen le ofreció su amistad y la llevó donde se encontraba Bill y juntos la cuidaron en el avión. Ella se sentó entre los dos y le contó a Helen que planeaba alojarse en la Iglesia Luterana, puesto que ella era luterana. Entonces Helen escuchó una voz interna: "Y esta es mi verdadera iglesia." Helen comprendió que lo que Jesús quería decir era que una verdadera iglesia no es un edificio sino ayudar y unirnos a otra persona.

Cuando llegaron a New York Helen y Bill alojaron a su nueva amiga en un hotel. Durante los siguientes días curiosamente se encontraban continuamente al azar. Creo que Bill se la encontró una vez en Bloomingdale's, un gran almacén en New York. Helen la invitó a cenar una o dos veces. Eventualmente la mujer regresó a su familia pero se mantuvo en contacto con Helen, enviándole tarjetas de Navidad, etc. Una vez llamó a Helen mientras yo estaba en casa de ésta. La historia es importante para demostrar que no es el fenómeno psíquico en sí lo que importa sino más bien el propósito espiritual detrás de él; en este caso el de ayudar a otra persona.

Un día a mediados de octubre Helen le dijo a Bill: "Creo que haré algo muy inesperado." En ese momento Bill le sugirió que consiguiera una libreta y escribiera todas las cosas que pensara o escuchara, o cualquier sueño que tuviera. Helen empezó a hacerlo así. Ella sabía taquigrafía y podía escribir muy rápido. Una noche, un par de semanas después, escuchó que esta voz le decía: "Este es un curso de milagros, por favor toma notas." Le dio tal pánico que llamó a Bill por teléfono y le dijo: "Esta voz sigue diciéndome estas palabras. ¿Qué hago?" Bill dijo algo por lo cual generaciones futuras lo llamarán bendito. El dijo: "¿Por qué no haces lo que dice la voz?" Helen lo hizo. Empezó a tomar dictado que siete años más tarde terminó como los tres libros que ahora tenemos, llamados, *Un curso de milagros*.

La experiencia de Helen con la voz era como la de una grabadora interna. Ella podía conectar y desconectar la voz a su antojo. Sin embargo, no la podía "desconectar" por mucho tiempo porque se ponía inquieta. Ella podía escribir lo que la voz decía aun cuando ésta hablaba muy rápidamente. Así que la taquigrafía de Helen fue muy útil. Esto lo hacía plenamente consciente. No era escritura automática; no estaba bajo trance o algo semejante. Podía estar escribiendo y si sonaba el teléfono, soltaba la pluma y atendía el asunto telefónico, y luego regresaba a escribir y continuaba donde había quedado. A menudo podía reanudarlo en el mismo lugar. Esto es aún más admirable cuando uno se da cuenta de que gran parte del Curso está escrito en verso libre (sin rima), pentámetro yámbico; ella hacía esto sin perder la métrica o el sentido de lo que estaba diciendo la voz.

Tal vez lo que más asustaba a Helen era que la voz se identificaba a sí misma como Jesús. Gran parte del Curso está escrito en primera persona, donde Jesús habla sobre su crucifixión. No puede haber duda alguna respecto a la identidad de la voz. Sin embargo, el Curso dice que no es necesario creer que la voz es la de Jesús para beneficiarse de lo que dice *Un curso de milagros*. Yo creo que resulta más fácil si lo creemos de modo que no haya que hacer gimnasia mental mientras lo leemos. Pero no es necesario para poner en práctica los principios del Curso. El Curso mismo nos lo dice. Hay una sección sobre Jesús en el manual para maestros donde dice que no es necesario aceptar a Jesús en nuestras vidas pero que él nos ayudará más si se lo permitimos (C-5.6:6-7).

En la mente de Helen no había duda de que la voz era la de Jesús, y esto le producía más miedo aún. Esta no era una experiencia feliz. Ella lo hacía porque en alguna forma consideraba que era lo que debía hacer. Una vez ella se quejó amargamente a Jesús: "¿Por qué me escogiste? ¿Por qué no escogiste a una linda y santa monja, o alguien parecido? Yo soy la última persona en el mundo que debería estar haciendo esto." Y él dijo: "No sé por qué dices eso porque después de todo lo estás haciendo." Ella no pudo discutir con él puesto que ya lo estaba haciendo, y evidentemente era la selección perfecta para ello.

Diariamente ella anotaba en su libreta de taquigrafía el dictado del Curso. Al día siguiente, cada vez que el tiempo lo permitía en sus ocupados calendarios, le dictaba a Bill lo que había recibido y él lo pasaba a máquina. Bill ha dicho bromeando que por lo general tenía que tener un brazo alrededor de Helen para sostenerla mientras que escribía con el otro. Helen tenía gran dificultad aun para leer lo que había escrito. Así fue como se tomó originalmente *Un curso de milagros*; como dije, el proceso tomó aproximadamente un período de siete años.

El Curso consiste de tres libros, como la mayoría de ustedes saben: un texto, un libro de ejercicios para estudiantes y un manual para maestros. El texto, que es el más difícil de leer de los tres libros, contiene la teoría básica del Curso. El libro de ejercicios para estudiantes consiste de trescientas sesenta y cinco lecciones, una para cada día del año, y es importante puesto que es la aplicación práctica de los fundamentos del texto. El manual para maestros es un libro más corto y, de los tres libros, es el más fácil de leer puesto que consiste de respuestas a algunas de las posibles preguntas que alguien pueda hacerse. De hecho, es un buen resumen de muchos de los fundamentos del Curso. Casi como un apéndice; hay una sección de clarificación de términos la cual se hizo unos años después de que el Curso mismo se terminara. Era un intento de definir algunas de las palabras que se usan. Sin embargo, si tú no sabes lo que significan las palabras el leer esa sección no te ayudará, pero contiene algunos pasajes muy hermosos.

Helen y Bill no hicieron correcciones. Los libros, tal como ustedes los tienen ahora, están esencialmente en la forma como fueron transmitidos. Los únicos cambios básicos se debieron a que como el texto vino directamente, no estaba dividido en secciones ni capítulos. Tampoco se dio ninguna puntuación, ni párrafos. Helen y Bill hicieron el trabajo inicial de estructurar el texto; cuando yo llegué en 1973 repasé todo el manuscrito con Helen. Toda la división y titulación la hicimos nosotros. El libro de ejercicios para estudiantes no tuvo problema porque venía en lecciones, el manual para maestros venía con preguntas y respuestas. Era en el texto donde básicamente existía el problema, pero frecuentemente el material original se dictaba en secciones lógicas, así que el dividirlo en secciones y capítulos no fue difícil. Sentíamos que a través de todo este proceso actuábamos bajo la guía de Jesús, así que todo lo que hicimos fue tal como él lo quería.

Cuando se inició el Curso había gran cantidad de material personal para Helen y Bill, con el fin de que comprendieran lo que estaba sucediendo, y cómo ayudarse mutuamente. Esto incluía gran cantidad de material para facilitarles el aceptar lo que se les estaba dando. Puesto que Helen y Bill eran psicólogos había material sobre Freud y otros para ayudarlos a cubrir el vacío entre lo que ellos conocían y lo que el Curso decía. Jesús les pidió, por razones obvias, que sacaran este material puesto que no era pertinente a la enseñanza básica del Curso. El único problema que surgió fue que estilísticamente dejaba algunos vacíos. Así que algunas veces agregamos una o dos frases, no por contenido, sino sólo para ayudar a suavizar una transición. Esto sucedió sólo al principio.

El estilo de los primeros cuatro capítulos siempre fue un problema para nosotros. Son algunas de las partes más difíciles de leer. Creo que esto se debió a que se sacó el material personal, lo que hizo su lectura algo abrupta. Tratamos de hacer lo mejor para suavizarla. También, Helen estaba tan aterrorizada al principio sobre lo que estaba sucediendo que aun cuando su oído no estaba impedido en cuanto al significado de lo que se decía, el estilo y la fraseología frecuentemente lo estaban.

Por ejemplo, justo al principio, las palabras "Espíritu Santo" por lo general no se utilizaban. Helen le temía tanto a esa expresión que Jesús utilizó la frase "Ojo Espiritual". Más tarde esto se reemplazó con "el Espíritu Santo", tal y como Jesús instruyó. Por lo general la palabra "Cristo" tampoco se utilizaba al principio, por la misma razón, pero más tarde se dictó. Pero después del primer o segundo mes Helen se tranquilizó un poco más, y del quinto capítulo en adelante virtualmente el Curso está tal como le fue dado.

Tampoco se incluyeron las mayúsculas. Helen tenía la tendencia de poner en mayúscula cualquier palabra remotamente asociada con Dios, ese fue el veneno de mi existencia: qué palabras deberían ir con mayúscula y cuales no. Sin embargo, había ciertas palabras sobre las cuales Jesús insistía que debían ir con mayúscula con el fin de ayudar a la comprensión.

Helen, quien era una editora muy buena y compulsiva con publicaciones sobre investigación, se veía tentada a cambiar ciertas palabras para ajustarlas a sus propias preferencias estilísticas. Pero siempre se le dijo que no lo hiciera y ella no lo hizo. Esto exigía gran fuerza de voluntad. Hubo ocasiones en que cambió palabras; sin embargo, ella tenía una memoria admirable y podía recordar cuándo lo había hecho. Encontraba doscientas o trescientas páginas más adelante que la razón por la cual una palabra específica había sido escogida era porque se haría referencia a la misma más adelante. Así que siempre volvía atrás y cambiaba la palabra que ella misma había cambiado.

Un curso de milagros se terminó en el otoño de 1972 y yo conocí a Helen y a Bill en el invierno de ese mismo año. Un amigo mutuo, sacerdote psicólogo que hizo parte de su entrenamiento bajo la guía de Helen y Bill, sabía algo acerca del Curso. El y yo nos habíamos hecho amigos ese otoño. En ese momento yo estaba camino a Israel, y justo antes de irme él insistió en que conociera estos dos amigos suyos. Estuvimos una noche juntos y se mencionó algo acerca de este libro sobre espiritualidad que Helen había escrito. Sin embargo, no se dijo nada más sobre qué era o de dónde provenía.

Nos reunimos en el apartamento de Bill y lo recuerdo señalando hacia la esquina donde había una pila de siete carpetas grandes para tesis que contenían el Curso. En ese momento yo no llevaba para Israel prácticamente nada, y verdaderamente no creí que debía cargar con este volumen. Pero quedé muy intrigado con lo que ellos dijeron, aunque ellos habían dicho muy poco. Esa noche estuve con el sacerdote, quien me dijo que tenía una copia de este libro si yo quería verla. Sentí fuertemente que no debía hacerlo entonces, pero durante todo el tiempo que estuve en Israel la pasé pensando en el libro. Yo le había escrito una carta a Helen diciéndole que estaba interesado en ver su libro cuando regresara. Más tarde ella me dijo que yo había escrito la palabra "Libro" con "L" mayúscula; yo no estaba consciente de haberlo hecho. El poner mayúsculas no es algo que hago comúnmente, pero evidentemente lo hice entonces.

Como dije, todo el tiempo que estuve en Israel me mantuve pensando en este libro, y pensé que había algo importante para mí en él. Regresé en la primavera de 1973 con la única intención en ese momento de dedicarle algún tiempo a mi familia, amigos, y luego regresar a Israel para quedarme en un monasterio por tiempo indefinido. Pero estaba muy interesado en ver este libro y me aseguré de ir a ver a Helen y a Bill. Desde el momento en que lo vi cambié todos mis planes y decidí quedarme en New York.

Desde mi punto de vista *Un curso de milagros* es lo mejor que he visto como integración de psicología y espiritualidad. En ese momento yo no sabía realmente, que en mi vida espiritual faltaba algo, pero cuando vi el Curso me di cuenta de que sin duda eso era lo que yo había estado buscando. Así que cuando uno encuentra lo que ha estado buscando, uno se queda con ello.

Una de las cosas importantes que debe saberse acerca del Curso es que es explícito en que no es el único camino al Cielo. Al principio del manual para maestros dice que ésta es sólo una forma del curso universal, entre miles (M-1.4:1-2). *Un curso de milagros* no es para toda la gente, y sería un error pensar que lo es. Nada es para todo el mundo. Creo que *es* muy importante que haya sido presentado al mundo, pero no es para todos. A aquellos para quienes no sea el camino, el Espíritu Santo les dará algún otro.

Sería un error para una persona luchar con el Curso si realmente no se siente cómoda con él, y luego sentir que él o ella ha sido un fracaso. Eso sería realmente ir en contra de todo lo que el Curso mismo plantea. El propósito del Curso no es hacer que la gente se sienta culpable, sino todo lo contrario. Pero para las personas para quienes éste es el camino resulta valioso el esfuerzo que conlleva estudiarlo.

P: Creo que ha habido mucha gente que lo empieza pero existe una resistencia tremenda.

R: ¡Absolutamente correcto! En realidad, si alguien ha estudiado el Curso sin haber tenido el impulso en algún momento de arrojarlo por la ventana, o echarlo al inodoro, o lanzárselo a alguien, probablemente no está haciendo el Curso. Hablaremos más adelante y en detalle sobre las razones por qué pasa esto, pero la razón general es que *Un curso de milagros* va contra todo lo que creemos. Y no hay nada a lo que nos aferremos con más tenacidad que a nuestro sistema de pensamiento, estemos correctos o no. Hay una línea en el Curso que pregunta, "¿Preferirías tener razón a ser feliz?" (T-29.VII.1:9). La mayoría de nosotros preferiríamos tener la razón a ser felices. Así que el Curso verdaderamente va contra esto, y se esmera en demostrar cuán equivocado está el ego. Debido a que nos identificamos mucho con ese ego pelearemos contra este sistema. Lo digo muy en serio cuando digo que debe haber algo mal si en algún punto u otro un estudiante no ha puesto resistencia o no ha tenido dificultad con él.

Cuando el Curso se comenzó a poner por escrito literalmente sólo existía un puñado de personas que sabían de él, ni siquiera un puñado. Tanto Helen como Bill lo manejaban como si fuera un secreto profundo, oscuro y culpable. Casi nadie entre los miembros de sus familias, amigos y colegas sabía nada al respecto. Como parte del plan, justo antes de que comenzara a surgir el Curso, a Helen y a Bill les asignaron unas oficinas apartadas y privadas. Ellos pudieron sacar todo este material sin que esto interfiriera con su trabajo, a pesar de que durante ese período estaban extremadamente ocupados. Sin embargo, nadie sabía lo que ellos estaban haciendo. Literalmente lo mantuvieron en el armario como un secreto bien guardado, y este era el caso cuando yo me uní a ellos.

El primer año que estuve con Helen y Bill lo dedicamos a repasar todo el manuscrito hasta que todo quedara como debía ser. Se verificaron todos los títulos y Helen y yo revisamos todo palabra por palabra. Este proceso tomó cerca de un año y cuando se terminó el manuscrito lo mecanografiamos nuevamente. Así que cerca de finales de 1974 o principios de 1975 el Curso completo estaba listo. No sabíamos para qué estaba listo. Aún estaba en el armario, por así decirlo, pero sabíamos que estaba listo.

En la primavera de 1975 apareció la siguiente persona, y esta fue Judith Skutch. Cómo apareció es una historia interesante que no trataré ahora, pero lo inesperado llevó a lo inesperado y ella apareció con Douglas Dean. Algunos de ustedes conocen a Douglas, quién es un famoso parapsicólogo. Llegaron al Medical Center una tarde, aparentemente con otros fines. Sentimos que debíamos compartir el Curso con Judy y Douglas, lo cual hicimos. En ese momento fue casi como si éste hubiera saltado de nuestras manos y cayera en las de ella para el siguiente paso. Eventualmente, esto llevó a la publicación del Curso. Nosotros no éramos expertos en eso y no sentíamos que fuera nuestra responsabilidad. Sin embargo, pensamos que nuestra responsabilidad era ver que pasara a las manos de la persona adecuada y que esto tenía que hacerse en la forma correcta, pero que nosotros no seríamos los agentes para ello. Este fue el papel de Judy y ella lo asumió muy bien.

Se darán cuenta de que en los libros aparece 1975 como la fecha de derechos literarios aun cuando los libros no se imprimieron sino hasta 1976. Ese verano un amigo de Judy en California hizo una tirada en fotocopia del Curso, y así se imprimieron trescientas copias del mismo. *Un curso de milagros* no se imprimió en la forma como ustedes lo tienen sino hasta 1976. Y eso fue "milagro" tras "milagro". Verdaderamente fue "milagrosa" la forma tan rápida como sucedió todo. Los libros estuvieron listos en junio de 1975, y ahora (1989) están en su vigésima sexta edición.

La Fundación para la Paz Interior[4] publica y distribuye *Un curso de milagros*. El Curso no es un movimiento o religión; no es otra iglesia. Es más bien un sistema a través del cual los individuos pueden encontrar su propio camino hacia Dios y practicar sus principios. Como la mayoría de ustedes sabe, existen grupos a través de todo el país[5] que surgen espontáneamente y siempre consideramos muy importante que no hubiera organización de clase alguna que funcionara como cuerpo autoritario.

Ninguno de nosotros quería ser colocado en el papel de guru. Helen fue siempre muy clara al respecto. La gente quería venir y casi literalmente sentarse a sus pies, y ella casi les pisaba las cabezas. Ella realmente no quería que la hicieran parte de la figura central del Curso. Ella sentía que la figura central de *Un curso de milagros* era Jesús o el Espíritu Santo, y así era como tenía que ser. Eso era muy importante para ella. Cualquier otra cosa era levantar

4. Foundation for Inner Peace.
5. Estados Unidos de América.

una estructura eclesiástica y esa sería la última cosa en el mundo que querría el autor del Curso.

P: ¿Cómo pudieron estas personas sostenerse económicamente durante todos estos años?

R: Tanto Helen como Bill tenían trabajo de tiempo completo y yo tenía un cargo de medio tiempo en el Medical Center, además de una práctica de psicoterapia de medio tiempo. Yo podía atender mis responsabilidades con rapidez así que el resto del tiempo Helen y yo lo dedicábamos a editar el Curso y a hacer lo que tenía que hacerse. Todo se hizo durante nuestro "tiempo libre", pero creo que en ese momento nuestros trabajos eran nuestro tiempo libre. Sin embargo, mientras el Curso salía a la luz, Helen y Bill estaban excesivamente ocupados con sus distintas responsabilidades.

P: ¿Se ha dicho algo alguna vez acerca del tiempo en que vino? ¿Por qué llegó en esta época?

R: Sí. Al principio del dictado se le dio una explicación a Helen sobre lo que estaba sucediendo. Se le dijo que había un "apuro celestial". Jesús le dijo que el mundo estaba en muy malas condiciones, lo cual es obvio para cualquiera que le eche un vistazo. Esto fue a mediados de los años '60, y el mundo parece que está en peores condiciones ahora. La gente tenía grandes dificultades y se le estaba pidiendo a algunos que aportaran sus capacidades particulares hacia este "apuro celestial", como ayuda para que las cosas salieran bien en el mundo. Helen y Bill fueron sólo dos de los muchos que estaban aportando sus capacidades específicas con este fin. Durante los últimos quince años ha habido una proliferación de material que se dice ha sido inspirado. El propósito de todo esto es ayudar a cambiar de pensamiento de las gentes respecto a la naturaleza del mundo. Repito, *Un curso de milagros* es sólo uno de muchos caminos; eso es importante. La razón por la cual hago énfasis en esto se debe al problema más difícil que trata el Curso, sobre el cual hablaremos más adelante: las relaciones especiales. Es muy tentador formar una relación especial con el Curso y hacerlo algo realmente especial en un sentido negativo. Cuando hablemos acerca de esto más tarde lo verán más claro.

Capítulo 2

LA MENTE UNA:[6] EL MUNDO DEL CIELO

Quizá, una forma útil de presentar el material de *Un curso de milagros* es dividiéndolo en tres partes, ya que el Curso realmente expone tres distintos sistemas de pensamiento: la Mente Una, la cual representa el mundo del Cielo; la mente errada, la cual representa el sistema de pensamiento del ego; y la mente correcta la cual representa el sistema de pensamiento del Espíritu Santo.

También es útil anotar al principio que *Un curso de milagros* está escrito en dos niveles (ver la tabla en la siguiente página). El primer nivel muestra la diferencia entre la Mente Una y la mente separada, mientras que el segundo nivel contrasta la mente errada con la mente correcta. Por ejemplo, en el primer nivel se considera que el mundo y el cuerpo son ilusiones hechas por el ego. Ellas simbolizan así la separación de Dios.

El segundo nivel está relacionado con este mundo donde creemos que estamos, y así en este nivel, se mira al mundo y al cuerpo en forma neutra, sirviendo uno de dos propósitos. Para la mente errada del ego,

---

6. Para su definición, véase el Glosario en el Apéndice.

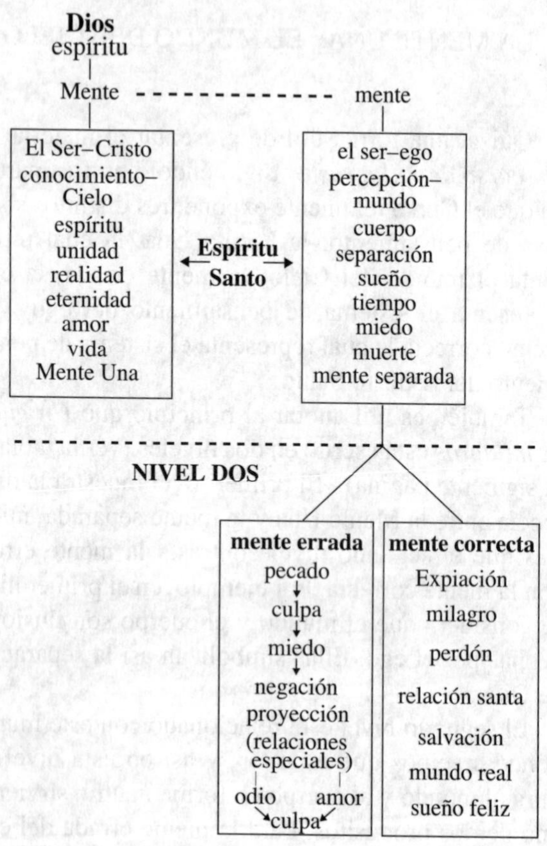
NIVEL UNO
Dios
espíritu
Mente
mente
El Ser–Cristo
conocimiento–
Cielo
espíritu
unidad
realidad
eternidad
amor
vida
Mente Una
Espíritu
Santo
el ser–ego
percepción–
mundo
cuerpo
separación
sueño
tiempo
miedo
muerte
mente separada
NIVEL DOS
mente errada
pecado
culpa
miedo
negación
proyección
(relaciones
especiales)
odio
amor
culpa
mente correcta
Expiación
milagro
perdón
relación santa
salvación
mundo real
sueño feliz

éstos son instrumentos que se usan para reforzar la separación. Para la mente correcta son los recursos didácticos de enseñanza del Espíritu Santo, con los que aprendemos Sus lecciones de perdón. Por lo tanto, en este segundo nivel, las ilusiones se refieren a las malas percepciones del ego; por ejemplo, ver ataque en vez de un pedido de amor, pecado en vez de error.

Entonces, teniendo esto en cuenta, empecemos nuestra exposición sobre los tres sistemas de pensamiento del Curso. Empezaremos con el primero, que en realidad es el único, el que se describe al principio del texto como la Mente Una de Cristo o de Dios. Este es un sistema de pensamiento que no tiene nada que ver con este mundo. Hablaré brevemente sobre el mismo ahora y luego lo pondremos a un lado porque este no es el objetivo primordial del Curso. Este es el apuntalamiento y base del Curso, pero no es realmente donde tiene que hacerse el trabajo.

La Mente Una es el mundo del Cielo, al cual *Un curso de milagros* se refiere como conocimiento. Una de las cosas difíciles cuando vienes al Curso por primera vez es que utiliza palabras en forma distinta a como las usamos en la conversación corriente. Si tú le superpones al Curso tu propia comprensión de una palabra tendrás muchos problemas. Palabras tales como "pecado", "mundo", "realidad", "Dios", "Jesús", "conocimiento", etc., se utilizan en forma algo diferente a como las usamos ordinariamente. Si vas a ser justo con el Curso y comprender lo que está diciendo, estés de acuerdo con él o no, también debes comprender el significado de las palabras y cómo las utiliza dentro de su propio contexto.

Una de estas palabras es "conocimiento". El Curso no utiliza "conocimiento" como comúnmente lo utilizamos. Conocimiento se refiere únicamente a Dios, y el mundo del conocimiento no tiene nada que ver con este mundo. El conocimiento no es una creencia o un sistema de pensamiento. Es una experiencia, y una experiencia que trasciende por completo cualquier cosa de este mundo. Así el mundo del Cielo, el mundo del conocimiento, o el mundo del espíritu que pertenece a Dios, son todos lo mismo. Cuando *Un curso de milagros* habla del mundo del espíritu, esto no tiene nada que ver con el mundo de la materia. El espíritu es nuestra verdadera realidad, nuestro verdadero hogar y, repito, no tiene nada que ver con lo que experimentamos como nuestra realidad aquí.

El concepto central en el Cielo, o el mundo del conocimiento, sería la Trinidad. Y déjenme hablar brevemente sobre cómo el Curso define la Trinidad. Pero primero déjenme decir justo otra cosa, y esta es una objeción que muchas personas hacen acerca del Curso. Preguntan si el tema y pensamiento central del Curso es de naturaleza universal—que todos somos uno—entonces, ¿por qué vino específicamente en forma cristiana?

La respuesta a esto tiene sentido a la luz de uno de los principios fundamentales del Curso: tienes que deshacer el error donde éste se encuentra. No hay duda de que la influencia predominante en el mundo occidental es el cristianismo. No ha existido un sistema de pensamiento más poderoso en el mundo, ya sea que te identifiques como cristiano o no. No hay nadie en este mundo, ciertamente en el mundo occidental, que no haya sido afectado profundamente por el cristianismo. Ya nos identifiquemos o no con él, vivimos en un mundo cristiano. Nuestro calendario mismo está basado en el nacimiento y muerte de Jesús. Sin embargo, el cristianismo no ha sido muy cristiano, sobra decirlo, cuando observamos la historia de las iglesias.

Debido a que el cristianismo ha ejercido tan gran impacto en el mundo, y aún lo ejerce—y no ha sido un impacto muy cristiano—es esencial que los errores del cristianismo se deshagan primero antes de que se pueda hacer cualquier otra cosa para cambiar radicalmente el sistema de pensamiento del mundo. Es por esto, creo yo, por lo que *Un curso de milagros* llegó en la forma específicamente cristiana en que vino. Así que quien haya leído el Curso y haya tenido una formación cristiana pronto reconocerá en él que el cristianismo del cual habla no tiene nada que ver con el cristianismo que el lector haya recibido. El esposo de Helen, Louis, un hombre que se identifica profundamente con el judaísmo, me dijo una vez que sabía que si el cristianismo hubiera sido como el Curso, jamás hubiera existido el anti-semitismo. No hay duda al respecto.

Por lo tanto, el Curso vino en la forma como vino para corregir los errores que el cristianismo ha introducido. A través de todo el Curso, especialmente en los primeros capítulos del texto, existen múltiples referencias a las escrituras, y muchas de ellas han sido reinterpretadas. Al principio de los capítulos tres y seis hay partes muy poderosas sobre la crucifixión donde Jesús aclara las cosas, explicando a qué se debió el error de la gente en términos de la interpretación de su crucifixión (T-3.I; T-6.I). Explica por qué sucedió esto y cómo todo un sistema de pensamiento se desarrolló como resultado de ese error. La exposición de Jesús no es tradicionalmente cristiana, aun cuando sus principios son cristianos, tal como él los dio originalmente.

Es por esto que *Un curso de milagros* es cristiano en su forma, y por qué varias veces a lo largo del texto Jesús dice que necesita que lo perdonemos. Esto aplica ya seas cristiano, judío o ateo. No hay nadie en este mundo que, en un nivel u otro, consciente o inconscientemente, no haya hecho de Jesús un enemigo. La razón para esto es la misma por la cual la gente considera este Curso un peligro. Este amenaza la base misma del sistema del ego. Así, repito, antes de poder movernos más allá de lo que ha sido el cristianismo, tenemos que perdonarlo primero. Esto se ciñe completamente a los principios del Curso. El hecho de que el Curso utilice terminología cristiana ha sido un obstáculo para prácticamente todo el que lo lee. Es, obviamente, un obstáculo para aquellas personas con formación judaica, porque como judío se te enseña tempranamente que "Jesús" es una palabra negativa. Es un obstáculo para la mayoría de los cristianos porque el Curso expresa una forma de cristianismo distinta a la que ellos recibieron. Para un ateo, es obvio que también tiene problemas. Repito, no hay prácticamente nadie que no haya tenido alguna dificultad con *Un curso de milagros* debido a su forma. Por lo tanto, el hecho de que sea cristiano es deliberado; el hecho de que Jesús no oculte su autoría del Curso tampoco es accidental. El propósito verdadero es ayudar al mundo a perdonarlo y a perdonarse a sí mismo por sus malas interpretaciones.

P: ¿Y acerca de su poesía?

R: Helen era una fanática Shakesperiana y el pentámetro yámbico que se encuentra en gran parte del Curso es de estilo Shakesperiano. Hay varias referencias a obras de Shakespeare, y la versión de la Biblia que se cita es la del Rey Jaime. Sin embargo, a pesar de haber sorprendentes paralelos con las enseñanzas de la Biblia, el Curso, como he dicho anteriormente, difiere verdaderamente de lo que podríamos llamar un cristianismo bíblico.

Un último punto: debido a su propósito de corregir el cristianismo, el Curso deliberadamente utiliza palabras cristianas que son masculinas para referirse a la Trinidad. Este es otro reparo que muchas personas le han puesto al Curso. La razón de este uso es dual. Una es que el lenguaje del judaísmo y del cristianismo ha sido masculino y el Curso simplemente lo adopta; segundo es que gran parte de él está escrita en forma poética y el tener que decir siempre "de él o de ella" sería un poquito engorroso. Eso es parte de las limitaciones de la gramática inglesa.[7] Por ejemplo, si te refieres a una persona y en la siguiente oración quieres volver a referirte a esa persona con un pronombre, lo correcto gramaticalmente es utilizar el género masculino. Ese es un aspecto estilístico del lenguaje y el Curso sencillamente lo aplica. Puedo asegurarles que el autor del Curso no es un antifeminista; Jesús no es un macho chauvinista.

---

7. La misma regla se aplica a la gramática española.

La primera Persona de la Trinidad, desde luego, es Dios. Dios es la Fuente de todo ser. Con frecuencia el Curso se refiere a El como El Padre, lo cual ha sido tomado libremente de la tradición judeo-cristiana. También se refiere a El como El Creador y todo viene de El. En esencia la naturaleza de Dios es espíritu puro y puesto que Dios es incambiable, informe, eterno y espíritu, nada que no comparta esos atributos puede ser real. Es por esto que el Curso dice que el mundo no es real y que no fue creado por Dios. El mundo es cambiante; no es eterno y es forma material. Por lo tanto no puede ser de Dios.

La segunda Persona de la Trinidad es Cristo. Lo que sucedió en la creación es que Dios simple y naturalmente se extendió a Sí Mismo. El estado natural del espíritu es extenderse y fluir. La extensión de Dios es la creación, y la creación se conoce como el Hijo de Dios, o Cristo. Lo que es difícil de entender acerca de esto es que las únicas palabras o conceptos que podemos utilizar son aquellas de nuestro propio mundo de percepción, el cual está limitado por el tiempo y el espacio. Este es el universo material que hicimos como substituto del Cielo. Sin embargo, profundizar en esto va más allá del alcance de este taller de un día.

En el Cielo no existe el tiempo ni el espacio. Cuando pensamos en Dios extendiéndose a Sí Mismo la única imagen que podemos tener es temporal y espacial, y esto no es así. Tal como *Un curso de milagros* dice en estas ocasiones, no trates siquiera de comprender algo que tú no podrías comprender. En un punto el libro de ejercicios para estudiantes utiliza la frase, "ensueños absurdos" (L-pI.139.8:5), y realmente eso es lo que es todo esto. Tal como *Un curso de milagros* lo dice, sólo a través de una experiencia revelatoria podemos aprender la verdad, y entonces no podríamos posiblemente ponerla en palabras: las palabras son solo símbolos de símbolos—por lo tanto están doblemente alejadas del estado de realidad (M-21.1:9-10).

Bien, el Hijo de Dios, o Cristo, también se extiende a Sí Mismo. La extensión de Dios es Su Hijo, y El se llama Cristo. Cristo es uno: sólo hay un Dios, y sólo hay un Hijo. En otras palabras, algo similar a lo que Dios hace al extender Su espíritu, el Hijo de Dios también lo hace al extender Su espíritu. Esto nos lleva a uno de los términos más ambiguos del Curso, y este es, "creaciones". Cuando el Curso se refiere a las creaciones, se está refiriendo a las prolongaciones del espíritu de Cristo. Tal como Dios creó a Cristo, Cristo también crea. Y las creaciones de Cristo en el Cielo se conocen como creaciones. Este es un tema que el Curso no trata de explicar. Cuando te encuentres con esta palabra es suficiente con que te des cuenta que simplemente significa el proceso natural de la extensión del espíritu.

Un curso de milagros es muy explícito, y este es un punto muy importante, que no obstante nosotros, como Cristo, creamos al igual que Dios, nosotros no creamos a Dios. Nosotros no somos Dios. Somos extensiones de Dios; somos los Hijos de Dios pero no somos la Fuente. Sólo hay una Fuente y esta es Dios. Creer que somos Dios, que somos la Fuente del ser, es hacer exactamente lo que quiere el ego, y esto es, creer que somos autónomos y que podemos crear a Dios, tal como Dios nos ha creado. Si crees esto estás formando un círculo vicioso del cual no se puede salir, porque entonces estás diciendo que eres el autor de tu propia realidad. Esto es a lo que se refiere el Curso como el problema de autoridad. No somos el autor de nuestra realidad; Dios es. Una vez creemos que somos Dios nos ponemos en competencia con El y entonces tenemos problemas. Desde luego eso es lo que es el error original, sobre el cual hablaremos luego.

Al principio, que desde luego trasciende al tiempo, sólo existía Dios y Su Hijo. Era como una familia grande y feliz en el Cielo. En algún extraño momento, que en realidad nunca ocurrió, el Hijo de Dios creyó que podía separarse de su Padre. En ese momento ocurrió la separación. En verdad, tal como dice el Curso, esto no pudo haber sucedido nunca porque, ¿cómo puede una parte de Dios separarse a sí misma de Dios? Pero el hecho de que todos estamos aquí, o pensamos que estamos aquí, parecería indicar otra cosa. Realmente el Curso no explica la separación; simplemente dice que así es como es. No trates de preguntar cómo pudo haber sucedido lo imposible, puesto que no pudo haber sucedido. Si preguntas cómo pudo haber sucedido vuelves a caer en medio del error.

En nuestra propia manera de pensar nos pareció que había sucedido y que hubo una separación. En el mismo instante en que creímos que nos separamos de Dios establecimos todo un nuevo sistema de pensamiento (sobre el que hablaré en un minuto) y Dios envió Su Corrección para deshacer este error. El es la tercera Persona de la Trinidad. Esto está muy bien explicado en el capítulo quinto del texto, si quieren buscarlo. Es el primer lugar donde Jesús habla específicamente acerca del Espíritu Santo y explica el papel del Espíritu Santo: El es la Respuesta a la separación. En cualquier sitio del Curso donde leas la palabra "Respuesta" con "R" mayúscula, puedes substituirla por "Espíritu Santo".

Un curso de milagros describe al Espíritu Santo como el eslabón de comunicación entre Dios y Su Hijo separado (T-6.I.19:1). La razón por la cual El es la Respuesta y deshace la separación es porque como nosotros creemos que estamos separados de Dios—Dios está allá y nosotros aquí—el Espíritu Santo actúa como un eslabón entre donde creemos que estamos y donde realmente estamos, que es de vuelta con Dios. El hecho de que hay un eslabón nos dice que no estamos separados. Así que en el momento que creímos que hubo una separación, en ese mismo instante Dios la deshizo. Y así la anulación de la separación es el Espíritu Santo.

Resumiendo, ese es el sistema de pensamiento conocido como Mente Una y es el apuntalamiento de todo sobre lo que hablaremos. No es nada que pueda ser comprendido; simplemente tiene que ser aceptado. Cuando estemos todos de regreso en el Cielo lo comprenderemos, y entonces no tendremos preguntas.

Capítulo 3

LA MENTE ERRADA[8]
EL SISTEMA DE PENSAMIENTO DEL EGO

Los dos sistemas de pensamiento que son críticos para entender *Un curso de milagros* son los que se conocen como mente errada y mente correcta. La mente errada puede equipararse con el ego. La mente correcta puede equipararse con el sistema de pensamiento del Espíritu Santo, que es el perdón. El sistema de pensamiento del ego no es un sistema muy feliz. Tal como el Curso lo plantea, tanto el sistema de pensamiento del ego como el del Espíritu Santo son perfectamente lógicos y consistentes de por sí. También son mutuamente excluyentes. Es muy útil comprender exactamente cual es la lógica del sistema del ego, puesto que la misma *es* muy lógica. Una vez captas esa secuencia lógica se aclararán muchas cosas en el texto, que de lo contrario parecerían obscuras.

Una de las dificultades al estudiar *Un curso de milagros* es que éste no es como otros sistemas de pensamiento. La mayoría de los sistemas de pensamiento proceden en forma lineal donde empiezas con

---

8. Para su definición, véase el Glosario en el Apéndice.

ideas sencillas que se van elaborando y se van haciendo más complejas. El Curso no es así. Su sistema de pensamiento está presentado en forma circular. Parece ir girando sobre el mismo material, una vez tras otra. Imagínense un pozo: vas girando alrededor del pozo y vas profundizando y profundizando hasta llegar al fondo. El fondo de este pozo sería Dios. Pero te mantienes alrededor del mismo círculo. Así es cómo, a medida que profundizas, te acercas más al fundamento del sistema del ego. Pero siempre es la misma cosa. Y es por esto que el Curso dice la misma cosa una vez tras otra. Porque es casi imposible captarlo la primera vez o centésima vez, necesitas de las seiscientas veintidós páginas. Es un proceso y ésta es una de las cosas que distingue a *Un curso de milagros* de cualquier otro sistema espiritual. A pesar de que es un sistema de pensamiento muy intelectualizado en su presentación, es un proceso empírico. Está escrito deliberadamente en la forma que está, desde el punto de vista pedagógico, para que no lo estudiemos como cualquier otro sistema, sino más bien para que se nos conduzca alrededor de este pozo. En el proceso de ir trabajando con el material del Curso, y con el material de nuestra vida personal, iremos comprendiendo progresivamente lo que dice el Curso. Sin embargo, creo que es útil examinar el sistema de pensamiento del ego, desde un punto de vista lineal, para poder comprender cómo se ha erigido este sistema. Esto facilitará la lectura del texto.

El pecado, la culpa y el miedo

Hay tres ideas claves para comprender el sistema de pensamiento del ego. Son las piedras angulares de todo el sistema y estas son: pecado, culpa y miedo. Cuando veas la palabra "pecado" en el Curso siempre la podrás substituir por la palabra "separación" porque las dos palabras son lo mismo. El pecado del cual nos sentimos más culpables, y que es la fuente de toda nuestra culpa, es el pecado de nuestra creencia en una separación de Dios, de lo cual hablé hace un minuto. Esto es aproximadamente lo mismo que enseñan las iglesias como "pecado original". El tercer capítulo del Génesis da perfecta cuenta de cómo nació el ego. El Curso hace referencia a ello en la primera parte del capítulo dos del texto (T-2.I.3-4).

Así que el inicio del ego es la creencia de que nos hemos separado de Dios, y esto es lo que es el pecado: la creencia de que nos hemos separado de nuestro Creador y hemos establecido un yo que está separado de nuestro verdadero Ser. El Ser es sinónimo de Cristo. Cada vez que veas la palabra en mayúsculas "Ser" la puedes substituir por la palabra "Cristo".

Creemos que hemos establecido un ser (con s minúscula) el cual es nuestra verdadera identidad, y este ser es autónomo de nuestro Ser real y de Dios. Aquí se inició todo el problema en el mundo: la creencia que somos individuos separados de Dios. Una vez creamos que hemos cometido este pecado, o una vez creamos que hemos cometido cualquier pecado, psicológicamente es inevitable que nos sintamos culpables de lo que creemos que hemos hecho. En cierto sentido la culpa se puede definir como la experiencia de haber pecado. Así que básicamente podemos considerar el pecado y la culpa como sinónimos. Una vez que creemos que hemos pecado, es imposible que no creamos que somos culpables y sintamos lo que se conoce como culpa.

Cuando *Un curso de milagros* habla de culpa utiliza la palabra en forma distinta a como se usa comúnmente, casi siempre con la connotación de que me siento culpable de lo que he hecho o no he hecho. La culpa siempre va junto con cosas específicas de nuestro pasado. Pero estas experiencias conscientes de culpa son sólo como la punta de un témpano de hielo. Si piensas en un témpano de hielo, debajo de la superficie del mar está la masa enorme que representaría lo que es la culpa. La culpa es realmente la suma total de nuestros sentimientos, creencias y experiencias negativas que hayamos tenido sobre nosotros mismos. Así que la culpa puede ser cualquier forma de odio o rechazo a uno mismo; sentimientos de incompetencia, fracaso, vacío; sentimientos de que nos falta algo o de que carecemos de algo o de que algo está incompleto.

La mayor parte de esta culpa es inconsciente; es por esto que el ejemplo de un témpano de hielo es tan útil. La mayoría de estas experiencias de cuán podridos realmente creemos que estamos están debajo de la superficie de nuestra mente consciente que, por supuesto, las hace virtualmente inaccesibles a nosotros. La fuente fundamental de toda esta culpa es la creencia de que hemos pecado contra Dios al separarnos de El. Como resultado, nos vemos separados de todos los demás y de nuestro Ser.

Tan pronto nos sentimos culpables es imposible no creer que seremos castigados por las cosas terribles que creemos haber hecho y lo terrible que creemos que somos. Tal como enseña el Curso, la culpa siempre exigirá castigo. Una vez que nos sentimos culpables creemos que debemos ser castigados por nuestros pecados. Psicológicamente no hay forma de evitar ese paso. Entonces nos da miedo. Todo miedo, no importa lo que nos parezca que es su causa en el mundo, surge de la creencia que debo ser castigado por lo que he hecho o no he hecho. Entonces me da miedo de lo que será el castigo.

Puesto que creemos que el objeto final de nuestro pecado es Dios, contra Quien hemos pecado al separarnos de El, entonces creemos que será Dios Mismo Quien nos castigará. Cuando lees la Biblia y te encuentras con todos esos terribles pasajes donde se menciona la ira y venganza de Dios, de aquí es de donde surgen. No tiene nada que ver con Dios como El es, puesto que Dios es solo Amor. Sin embargo, todo tiene que ver con las proyecciones de nuestra propia culpa hacia El. No fue Dios Quien expulsó a Adán y Eva del Jardín del Edén; fueron Adán y Eva quienes se expulsaron a ellos mismos del Jardín del Edén.

Tan pronto creemos que hemos pecado contra Dios, cosa que todos creemos, también tenemos que creer que Dios nos castigará. El Curso habla sobre los cuatro obstáculos hacia la paz, y el último obstáculo es el miedo a Dios (T-19.IV-D). Lo que hemos hecho, desde luego, es que al tenerle miedo a Dios hemos cambiado al Dios de Amor en un Dios de miedo: un Dios de odio, castigo y venganza. Y esto es justamente lo que el ego quiere que hagamos. Una vez que nos sentimos culpables, no importa de dónde creamos que proviene la culpa, también estamos creyendo no sólo que somos culpables sino que Dios nos va a matar. Así Dios, Quien es nuestro Padre amoroso y nuestro único Amigo, se convierte en nuestro enemigo. Y vaya enemigo, sobra decirlo. Repito, este es el origen de las creencias que se encuentran en la Biblia, o en cualquier otro lugar, de que Dios es un Padre castigador. Creer que El lo es, es atribuirle las mismas cualidades del ego que tenemos. Como dijo Voltaire, "Dios creó al hombre a Su propia imagen, y luego el hombre le devolvió el cumplido." El Dios que creamos es realmente la imagen de nuestro propio ego.

Nadie puede existir en este mundo con tal grado de miedo y terror, ni con ese grado de auto-odio y culpa en su mente consciente. Sería absolutamente imposible para nosotros vivir con esa cantidad de ansiedad y terror; simplemente nos devastaría. Por lo tanto, tiene que haber alguna forma para salir adelante. Puesto que no podemos acudir a Dios por ayuda, considerando que dentro del sistema del ego hemos convertido a Dios en enemigo, el único recurso disponible que tenemos es el ego mismo.

Vamos al ego por ayuda y le decimos: "Mira, tú tienes que hacer algo; no puedo tolerar toda esta ansiedad y terror que siento. ¡Ayúdame!" El ego, fiel a su forma, nos ofrece una ayuda que en verdad no lo es aunque aparente serlo. La "ayuda" llega en dos formas básicas, y es realmente aquí donde se pueden comprender y apreciar verdaderamente las contribuciones hechas por Freud.

La negación y la proyección

Creo que aquí debo ofrecerle cierto reconocimiento a Freud, quien está recibiendo mala publicidad en estos días. La gente es generosa con Jung, lo mismo que con otros psicólogos no tradicionales, y eso está bien, pero a Freud lo están empujando hacia el fondo. Sin embargo, la comprensión básica del ego en el Curso se basa directamente en las enseñanzas de Freud. Fue un hombre muy brillante, y si no hubiera sido por Freud no habría *Un curso de milagros*. Jung mismo dijo, a pesar de todos los problemas que tuvo con Freud, que él simplemente estaba parado sobre los hombros de Freud. Y eso se aplica a cualquiera que haya venido después de Freud. Freud describió en forma muy sistemática y lógica exactamente cómo funciona el ego.

Déjenme mencionar únicamente que Freud utiliza la palabra "ego" en forma distinta a como lo hace el Curso. En el Curso, "ego" se utiliza como un equivalente aproximado al uso que se le da en el Oriente. En otras palabras, el ego es el ser con "s" minúscula. Para Freud el ego es sólo una parte de la psiquis la cual consiste del id (el inconsciente), el superego (el consciente) y el ego, que es la parte de la mente que integra todo esto. Las formas en que el Curso utiliza la palabra "ego" equivaldrían aproximadamente al total de la psiquis freudiana. Simplemente tienes que hacer la transición para trabajar con el Curso.

Dicho sea de paso, el único error de Freud fue ¡uno bien grande! No reconoció que la psiquis entera era una defensa contra nuestro verdadero Ser, nuestra verdadera realidad. Freud le temía tanto a su propia espiritualidad que tuvo que construir un sistema de pensamiento que fuera virtualmente impenetrable a la amenaza del espíritu. Y eso fue realmente lo que hizo. Pero fue absolutamente brillante al describir cómo funciona la psiquis o el ego. Repito, su error estuvo en no reconocer que toda la cosa era una defensa contra Dios. Básicamente de lo que hablamos hoy, en términos del ego, está basado en lo que Freud dijo. Todos tenemos una gran deuda de gratitud con él. Las contribuciones de Freud en cuanto a los mecanismos de defensa fueron particularmente notables; esto nos ayuda a comprender cómo nos defendemos contra toda la culpa y el miedo que tenemos.

Cuando recurrimos al ego para que nos auxilie abrimos uno de los libros de Freud y encontramos dos cosas que ayudarán mucho. La primera es represión, o negación. (El Curso nunca utiliza la palabra "represión"; utiliza la palabra "negación". Pero puedes utilizar cualquiera de las dos.) Lo que hacemos con esta culpa, este sentimiento de pecado, y con todo el terror que sentimos, es simular que no está allí. Lo empujamos fuera de nuestra conciencia, y este empujar es lo que se conoce como represión o negación. Simplemente nos negamos su existencia. Por ejemplo, si somos demasiado perezosos para barrer nuestro piso, barremos la mugre bajo la alfombra y fingimos que no está allí; o como un avestruz que cuando tiene miedo hunde la cabeza en la arena para no tener que manejar o mirar aquello que lo amenaza. Bueno, esto no funciona por razones obvias. Si seguimos barriendo bajo la alfombra, ésta se llenará de protuberancias y eventualmente tropezaremos, mientras que el avestruz podría ser herido si permanece con la cabeza en esa postura.

Pero en cierto nivel sabemos que nuestra culpa *está* ahí. Así que nuevamente recurrimos al ego y decimos: "La negación está muy bien, pero tendrás que hacer alguna otra cosa. Este asunto se va a acumular y entonces explotaré. Por favor ayúdame." Y entonces el ego dice: "Tengo justo la cosa para ti." Nos pide que busquemos cierta página de la "Interpretación de los Sueños" de Freud, o algo similar, y allí encontraremos lo que se conoce como proyección. Probablemente en *Un curso de milagros* no haya una idea más esencial para la comprensión que ésta. Si no comprendes la proyección no entenderás una sola palabra del Curso, o cómo funciona el ego, o cómo el Espíritu Santo anulará lo que ha hecho el ego. Proyección sencillamente significa que tomas algo de tu interior y dices que realmente no está allí; está fuera de ti en alguna otra persona. La palabra misma literalmente significa expeler, o lanzar desde o hacia otra cosa, y esto es lo que todos hacemos al proyectar. Tomamos la culpa, o el pecado que creemos está dentro de nosotros y decimos: no está en mí, está en ti. No soy la persona culpable, tú eres el culpable. No soy responsable de lo miserable e infeliz que soy; tú eres el culpable. Desde el punto de vista del ego no importa quien sea el "tú". Al ego no le importa hacia quien proyecte mientras encuentre a alguien sobre quien descargar su culpa. Así es como el ego nos enseña a zafarnos de la culpa.

Quizá la mejor descripción de este proceso de proyección que conozco se encuentra en el Antinguo Testamento, en el Capítulo 16 del libro de Levítico, donde a los Hijos de Israel se les dice lo que deben hacer en el Día de la Expiación, Yom Kippur. Se les dice que se reunan, y en el centro del campamento está Aaron, quien como el Sumo Sacerdote, es el mediador entre la gente y Dios. Junto a Aaron hay un chivo. Aaron coloca su mano sobre el chivo transfiriendo simbólicamente a este pobre chivo todos los pecados que la gente ha acumulado durante el año. Luego arrojan al chivo fuera del campamento. Ese es un recuento perfecto y gráfico sobre lo que es la proyección y, desde luego, de allí sacamos la expresión "chivo expiatorio".

Así, tomamos nuestros pecados y decimos que no están en nosotros; están en ti. Y luego ponemos una distancia entre nosotros y nuestros pecados. Nadie quiere estar cerca de su pecado, así que lo sacamos de dentro de nosotros y lo colocamos en alguna otra persona y luego desterramos a esa persona de nuestra vida. Hay dos formas de hacer esto. Una es separarnos físicamente de la otra persona; la otra es hacerlo psicológicamente. La separación psicológica es la más devastadora y también la más sutil.

La forma cómo nos separamos de alguien, una vez que le hemos adjudicado nuestros pecados, es atacándolo o poniéndonos furiosos con él. Cualquier expresión de nuestra ira, ya sea, una leve molestia o furia intensa, (no hay ninguna diferencia: son lo mismo [L-pI.21.2:3-5])—es siempre un esfuerzo para justificar la proyección de nuestra culpa, no importa cuál parezca ser la causa de nuestra ira. Esta necesidad de proyectar nuestra culpa es la causa básica de toda ira. Tú no tienes que estar de acuerdo con lo que dice o hace otra gente pero en el minuto que experimentes una respuesta personal de ira, juicio o crítica, siempre se debe a que has visto en la otra persona algo que has negado en ti. En otras palabras, estás proyectando tu pecado y culpa a esa persona y lo estás atacando allí. Pero esta vez no lo estás atacando en ti mismo;

lo estás atacando en esa otra persona y quieres tener a esa persona lo más lejana de ti posible. Lo que realmente quieres hacer es poner tu pecado tan lejos de tí como sea posible.

Algo interesante cuando se lee el Antiguo Testamento, especialmente los Capítulos 11 a 15 del libro de Levítico, el tercer libro del Tora, es ver cómo en forma tan detallada los hijos de Israel trataban de identificar la suciedad que los rodeaba y cómo debían mantenerse apartados de ella. Hay algunos pasajes bastante detallados que describen lo que es la suciedad, ya sea en las cualidades de la gente, formas de desaseo, o ciertas personas en sí mismas. Luego explica cómo los hijos de Israel deberían mantenerse separados de aquellas formas de desaseo. Sean cuales fueran las razones envueltas, el significado básico de estas enseñanzas era la necesidad psicológica de sacar la suciedad de tu interior, y ponerla fuera, en alguien más, y luego separarte de esa persona.

Es interesante, cuando lo has comprendido, leer el Nuevo Testamento y ver cómo Jesús actuó contra eso. El abrazó todas las formas de suciedad que la gente había considerado y visto como parte esencial de su religión para mantenerse separada. Se empeñaba en abrazar a aquellos a quienes la Ley Judía había identificado como proscritos como si quisiera decirles: "Tú no puedes proyectar tu culpa en otras personas. Debes identificarla en ti mismo y sanarla allí." Es por esto que el evangelio dice cosas tales como limpia el interior de tu vaso, no el exterior (Lc 11:39); no te preocupes de la paja en el ojo de tu hermano, preocúpate de la viga en el tuyo (Lc 6:41-42); y no es lo que llega al hombre lo que lo hace sucio, sino lo que procede de su interior (Mt 15:11). El punto es exactamente el mismo que el del Curso: la fuente de nuestro pecado no está afuera sino adentro. Pero la proyección busca hacernos ver nuestro pecado fuera de nosotros y luego tratar de resolverlo allí, por tanto nunca vemos que el problema está adentro.

Cuando acudimos a pedir ayuda al ego y decimos: "Ayúdame a zafarme de mi culpa", el ego dice: "Muy bien, la forma de zafarte de tu culpa es que la reprimas primero y luego la proyectes hacia otras personas. Así es cómo te zafarás de tu culpa." Lo que el ego no nos dice es que la culpa que proyectamos es un ataque y que es la mejor forma de aferrarnos a ella. El ego no es ningún tonto; quiere mantenernos culpables. Déjenme explicar esta idea por un momento porque también es una de las ideas claves si vamos a entender cómo el ego nos aconseja.

Un curso de milagros habla de "la atracción de la culpa" (T-19.IV-A.10-17). Al ego le atrae mucho sentirse culpable; su razón es obvia una vez recuerden lo que es el ego. La razón fundamental del ego para aconsejarnos que neguemos y proyectemos se basa en lo siguiente: el ego no es más que una creencia, y es una creencia en la realidad de la separación. El ego es el falso ser que aparentemente surgió cuando nos separamos de Dios. Por lo tanto, mientras creamos que la separación es real el ego está a sus anchas. Una vez creamos que no hay separación el ego está terminado. Como lo diría el Curso, el ego, y el mundo que éste hizo, desaparecerán en la nada de donde provinieron (M-13.1:2). El ego es realmente nada. Mientras creamos que el pecado original ocurrió, que el pecado de la separación es real, estaremos diciendo que el ego es real. La culpa es la que nos enseña que el pecado es real. Cualquier sentimiento de culpa es siempre una frase que dice, "He pecado." Y el significado fundamental del pecado es que me he separado de Dios. Por lo tanto, mientras crea que mi pecado es real, seré culpable. Ya sea que vea la culpa en mí o en otra persona, estoy diciendo que el pecado es real y que el ego es real. Así que el ego tiene absoluto interés en mantenernos culpables.

Cuando el ego se enfrenta al ser libre de culpa, ataca; porque el mayor pecado contra el sistema de pensamiento del ego es el ser libre de culpa. Si eres libre de culpa también eres impecable, y si eres impecable no hay ego. Hay una línea en el texto que dice: "para el ego *los inocentes son culpables*" (T-13.II.4:2), porque ser libre de culpa es pecar contra el mandamiento del ego: "Serás culpable." Si eres libre de culpa entonces eres culpable de ser libre de culpa. Por ejemplo, es por esto que el mundo mató a Jesús. El nos enseñó que somos libres de culpa y el mundo lo mató porque estaba blasfemando contra el ego.

Por lo tanto, el ego siempre tiene como propósito fundamental mantenernos culpables. Pero él no puede decírnoslo porque si lo hiciera no le prestaríamos atención. Así que el ego nos dice, si atiendes lo que digo veré que te liberes de tu culpa. Y la forma como lo haces, repito, es negar su presencia en ti, verla en alguien más, y luego atacar a esa persona. En esa forma estarás libre de tu culpa. Pero no nos dice que el ataque es la mejor forma de *mantenernos* culpables. Esto es verdad porque existe otro axioma psicológico que dice que cuando atacas a alguien, ya sea mental o directamente, te sentirás culpable. No hay manera de hacer daño a alguien, ya sea en pensamiento o en obra, sin que te sientas culpable. Puede que no experimentes la culpa—por ejemplo los psicópatas no experimentan la culpa—pero eso no significa que en un nivel más profundo no te sientas culpable.

Entonces lo que el ego hace, muy astutamente, es establecer un ciclo de culpa y ataque, según el cual mientras más culpables nos sintamos mayor es nuestra necesidad de negarlo en nosotros y de atacar a otra persona. Pero mientras más ataquemos a alguien, mayor será nuestra culpa por lo que hemos hecho, porque en algún nivel reconoceremos que hemos atacado falsamente a esa persona. Eso sólo nos hará sentir culpables, y esto mantendrá el asunto repitiéndose una vez tras otra. Es este ciclo de culpa y ataque lo que hace funcionar este mundo; no es el amor. Si alguien te dice que el amor hace funcionar al mundo entonces no conoce mucho acerca del ego. El amor es del mundo de Dios y es posible *reflejar* ese amor en este mundo. Sin embargo, el amor no tiene lugar en este mundo. Lo que *sí* tiene lugar es la culpa y el ataque, y ésta es la dinámica que está tan presente en nuestras vidas, tanto individual como colectivamente.

El ciclo de ataque-defensa

Un ciclo secundario que se establece es el ciclo de ataque-defensa: una vez que creo que soy culpable y proyecto mi culpa hacia ti y te ataco, creeré (debido al principio que mencioné anteriormente) que mi culpa exigirá castigo. Puesto que te he atacado creeré que merezco que me ataquen. Ya sea que tú ataques o no, no importa, yo creeré que lo vas a hacer debido a mi culpa. Al creer que me vas a atacar creo que debo defenderme contra tu ataque. Y puesto que estoy tratando de negar el hecho de que soy culpable, sentiré que tu ataque contra mí es injustificado. En el momento en que yo te ataque, mi miedo inconsciente es a que tú me vayas a atacar en respuesta y lo mejor es prepararme para eso. Así que tengo que erigir una defensa contra tu ataque. Todo esto lo que hará es causarte miedo y entonces llegamos a un consorcio en que mientras más te ataque, más te tienes que defender contra mí y devolverme el ataque, y yo tendré que defenderme contra ti y atacarte nuevamente. Y así iremos de un lado a otro (L-pI.153.2-3).

Esta dinámica, desde luego, es lo que explica la locura de la carrera armamentista. También explica la locura que todos sentimos. Mientras más grande sea mi necesidad de defenderme más estoy reforzando el hecho mismo de que soy culpable. Este es también un principio el cual es muy importante que entendamos en términos del ego y probablemente se explica más claramente en una línea del texto que dice, "las defensas *dan lugar* a lo que quieren defender" (T-17.IV.7:1). El propósito de todas las defensas es proteger o defendernos contra nuestro miedo. Si no tuviera miedo no tendría que tener una defensa, pero el hecho mismo de que necesito una defensa me dice que debo tener miedo, porque si no tuviera miedo no tendría que molestarme defendiéndome. El hecho mismo de estar defendiéndome está reforzando el hecho de que debo tener miedo y debo tener miedo porque soy culpable. Así que aquello de lo cual se supone que mis defensas me protejan—mi miedo—ellas lo están reforzando. Por lo tanto, mientras más me defiendo más me percato de que soy un ego: pecaminoso, culpable y miedoso.

El ego no es ningún tonto. Nos convence de que tenemos que defendernos, pero mientras más lo hagamos más culpables nos sentimos. Nos dice en muchas formas diferentes cómo debemos defendernos de nuestra culpa. Pero la misma protección que nos ofrece refuerza esa culpa. Es por esto que damos vueltas y más vueltas. Hay una lección maravillosa en el libro de ejercicios para estudiantes que dice, "En mi indefensión radica mi seguridad" (L-pI.153). Si voy a aprender que en verdad estoy en seguro y que mi verdadera protección es Dios, lo mejor que puedo hacer es no defenderme. Es por esto que leemos en los evangelios sobre los últimos días de Jesús en que el no se defendió (véase, por ejemplo, Mt 26:52-53 y Mt 27:14). Desde el momento en que lo arrestaron, durante todo el tiempo en que lo escarnecieron, azotaron, persiguieron y hasta lo asesinaron, él no se defendió. Y lo que estaba diciendo con eso era, "No necesito defensa", pues como dice el libro de ejercicios para estudiantes, "El Hijo de Dios no necesita defensa contra la verdad de su realidad" (L-pI.135.26:8). Cuando verdaderamente conocemos quienes somos y Quién es nuestro Padre, nuestro Padre en el Cielo, no tenemos que protegernos porque la verdad no necesita defensa. Sin embargo, dentro del sistema del ego sentiremos que necesitamos protección y siempre estaremos defendiéndonos. De este modo actúan realmente estos dos ciclos para mantener funcionando todo el asunto del ego. Mientras más culpables nos sintamos, más atacaremos. Mientras más ataquemos, más culpables nos sentiremos. Mientras más ataquemos, más sentiremos la necesidad de defendernos del castigo esperado o del contra-ataque que es en sí mismo un ataque.

El segundo capítulo del Génesis termina con Adán y Eva parados uno frente al otro, desnudos, sin vergüenza. Vergüenza es realmente otra palabra para culpa, y la no-vergüenza es una expresión de la condición de pre-separación. En otras palabras, no había culpa porque no había habido pecado. Es en el tercer capítulo donde se habla del pecado original y éste empieza con Adán y Eva comiendo del fruto prohibido. Hacer eso constituye su desobediencia a Dios, y ese es realmente el pecado. En otras palabras, se ven a sí mismos con una voluntad separada de la de Dios y que puede escoger algo distinto de lo que Dios ha creado. Y eso, repito, es el nacimiento del ego, la creencia de que el pecado es posible. Así que ellos comen del fruto, y lo primero que hacen después de eso es mirarse uno al otro, y esta vez sienten vergüenza y se cubren. Se ponen hojas de parra sobre sus órganos sexuales y eso se convierte entonces en una expresión de su culpa, pues se dan cuenta de que han hecho algo pecaminoso y la desnudez de sus cuerpos se convierte en el símbolo de su pecado; y contra eso hay que defenderse, lo cual expresa su culpa.

Lo siguiente es que Adán y Eva escuchan la voz de Dios Que los está buscando y tienen miedo de lo que El hará si los captura; así que se esconden en los arbustos para que Dios no los vea. Justo ahí se ve la conexión de la creencia en el pecado—que puedes separarte de Dios—con el sentimiento de culpa por haberlo hecho; y, como consecuencia, el temor de lo que sucederá cuando Dios nos aprehenda y nos castigue. A medida que continúa el tercer capítulo, Adán y Eva ciertamente tienen toda la razón, porque Dios sí los castiga. La cosa interesante es que cuando Dios se enfrenta finalmente a Adán, éste proyecta la culpa hacia Eva y dice, "No fui yo quien lo hizo, fue Eva quien me hizo hacerlo." (Es siempre la mujer quien tiene la culpa.) Y así Dios mira a Eva, quien hace la misma cosa y dice, "Yo no lo hice. No me culpe a mí, fue la serpiente." Así vemos exactamento lo que hacemos para defendernos de nuestro miedo y culpa: proyectamos la culpa hacia algún otro.

Recuerden lo que dije antes: la culpa siempre exige castigo. El ego exige que Adán y Eva sean castigados por su pecado, así que cuando Dios los alcanza los castiga con una vida llena de dolor y sufrimiento, desde el momento del nacimiento hasta el fin, la muerte. Al final del día hablaré acerca de cómo Jesús deshace todo este proceso. De todas maneras, ese capítulo del Génesis es un resumen perfecto de toda la estructura del ego: la relación entre el pecado, la culpa y el miedo.

Una de las formas principales contra las que se defenderá el ego de nuestra culpa es atacando a otras personas, y eso es lo que siempre parece que hace nuestra ira: justificar la proyección de nuestra culpa hacia otros. Es extremadamente importante reconocer cuán fuerte es la inversión que tiene el mundo y la que cada uno de nosotros tiene como parte del mundo, en justificar el hecho de que estamos furiosos, porque todos necesitamos tener un enemigo. No hay nadie en este mundo que en un nivel u otro no le atribuya al mundo propiedades de bueno y malo. Y así separamos al mundo y ponemos algunos en la categoría de buenos, y a otros en la de malos. Esto se debe a nuestra tremenda necesidad de tener a alguien sobre quien podamos proyectar nuestra culpa. Necesitamos por lo menos una persona, o una idea o grupo, que podamos convertir en el malo, en el chivo expiatorio. Esta es la fuente de todo prejuicio y discriminación. Esta es la tremenda necesidad que tenemos, la cual es generalmente inconsciente, de encontrar a alguien que podamos convertir en chivo expiatorio de modo que podamos escapar de la carga de nuestra culpa. Este ha sido el caso desde el comienzo de la historia, ha sido el caso de los principales sistemas de pensamiento, o sistemas de vida que hayan existido en el mundo. Siempre se ha predicado sobre la base de buenos y malos.

Ciertamente puedes ver esto en la historia del cristianismo en sí. Desde el mismo principio existió el proceso de segregar lo bueno de lo malo: los judíos que creían en Jesús contra los judíos que no creían en Jesús, y luego aquellos quienes creían en Jesús separaban a los seguidores de San Pedro, San Pablo, Santiago, etc., y la iglesia se ha estado subdividiendo desde entonces. Esto se debe a la misma necesidad inconsciente de encontrar a alguien que podamos ver distinto y no tan bueno como nosotros. Repito, es extremadamente útil para nosotros reconocer la fuerte inversión que hemos hecho en ese proceso. Esto explica porqué en el cine, todo el mundo aplaude al final cuando el bueno gana y el malo pierde. Compartimos la misma inversión en ver al malo castigado, porque en ese punto creemos que nos hemos escapado de nuestros pecados.

Las relaciones especiales

Lo que he estado describiendo hasta ahora en términos de la ira o el ataque es realmente una sola de las formas que toma la proyección. De las dos formas que asume la proyección ésta es la que más se destaca. Es la más destacada de las dos formas de ataque a las cuales el Curso se refiere como relaciones especiales. El concepto más difícil de entender en el Curso y más difícil aún de vivir y de poner en práctica realmente, es la idea del especialismo[9] y el convertir nuestras relaciones especiales en relaciones santas.

Las relaciones especiales vienen en dos formas. Las primeras son las relaciones especiales de odio—de las cuales hemos estado hablando—donde encontramos a alguien a quien hacemos objeto de nuestro odio para poder escapar del verdadero objeto de ese odio, nosotros mismos. La segunda forma es a lo que el Curso se refiere como relaciones especiales de amor. Estas son las más poderosas e insidiosas puesto que son las más sutiles. Repito, no existe en el Curso un concepto más difícil de comprender o de aplicar en uno mismo que éste. Las relaciones especiales no se mencionan en el libro de ejercicios para estudiantes, ni en el manual para maestros, y no aparecen en el texto sino hasta el capítulo 15, y de allí en adelante, y en cerca de los nueve capítulos siguientes, es lo que más se lee.

---

9. En inglés "especialismo" significa "specialness", una palabra que no se usa casi nunca.

La razón por la cual es tan difícil reconocer el amor especial y poder hacer algo al respecto es porque éste aparenta ser lo que no es. Es muy difícil esconder de ti mismo el hecho de que estás disgustado con alguien. Lo puedes hacer por un rato, pero es realmente difícil mantener esa ilusión por mucho tiempo. El amor especial es algo diferente. Siempre parecerá que es lo que no es. Realmente es el fenómeno más tentador y engañador en este mundo. Básicamente sigue los mismos principios del odio especial, pero lo hace en forma diferente. El principio básico es que tratamos de liberarnos de nuestra culpa viéndola en alguna otra persona. Por lo tanto, es realmente un velo finamente disfrazado sobre el odio. El odio, repito, es sólo un intento de odiar a alguien para no tener que experimentar el verdadero odio que sentimos por nosotros mismos. Lo que quisiera hacer ahora es mostrarles básicamente cómo funciona esto en tres formas distintas—cómo bajo la apariencia de salvarnos de la culpa a través del "amor" el ego está reforzando realmente su culpa a través del odio.

Primero déjenme describir qué es el amor especial y luego hablaremos de cómo opera. Si ustedes recuerdan, al principio cuando yo hablaba acerca de la culpa y examinaba la lista de palabras que comprenden la culpa, una de las expresiones que utilicé fue la creencia de que nos falta algo, de que tenemos cierta carencia. Esto es a lo que el Curso se refiere como el principio de escasez y es lo que sustenta toda la dinámica del amor especial.

El principio de escasez dice que dentro de nosotros falta algo. Hay algo que no está lleno, que está incompleto. Debido a esta carencia tenemos ciertas necesidades. Y esto es parte importante de toda la experiencia de culpa. Así que nuevamente recurrimos al ego y decimos, "¡Socorro! Este sentimiento de ser nada, o mi vacuidad, o este sentimiento de que falta algo es absolutamente intolerable; tú tienes que hacer algo." El ego dice, "Muy bien, esto es lo que haremos." Y primero nos abofetea diciendo, "Sí, tú tienes toda la razón, eres una criatura miserable y no se puede hacer absolutamente nada para cambiar el hecho de que careces y te hace falta algo que es vitalmente importante para ti." Desde luego que el ego no nos dice que lo que nos hace falta es Dios, porque si nos dijera eso, escogeríamos a Dios y el ego dejaría de existir. El ego dice que inherentemente falta algo en nosotros y no se puede hacer nada para remediarlo. Pero luego dice que hay algo que *podemos* hacer respecto al dolor que nos causa esta carencia. Ya que es cierto que no se puede hacer nada para cambiar esta carencia inherente en nosotros, podemos buscar fuera de nosotros a alguien o algo que pueda compensar lo que nos falta.

Básicamente el amor especial dice que yo tengo ciertas necesidades especiales que Dios no puede atender porque, repito, inconscientemente he hecho de Dios un enemigo, así que no acudo a pedir ayuda al verdadero Dios dentro del sistema del ego. Pero cuando te encuentro a ti, una persona especial con ciertos atributos o cualidades especiales, decido que tú llenarás mis necesidades especiales. De ahí es que surge la expresión "relaciones especiales". Mis necesidades especiales serán satisfechas por ciertas cualidades especiales en ti, lo cual te hace una persona especial. Y en la medida en que tú satisfagas mis necesidades especiales, tal como yo las he organizado, en esa misma medida yo te amaré. Y entonces, cuando tú tengas ciertas necesidades especiales que yo pueda llenar, tú me amarás. Desde el punto de vista del ego este es un matrimonio hecho en el Cielo.

Por lo tanto, lo que este mundo llama amor es realmente especialismo, una burda distorsión del amor, desde el punto de vista del Espíritu Santo. Otra palabra que describiría el mismo tipo de dinámica sería la palabra "dependencia". Dependo de ti para que atiendas mis necesidades y te haré dependiente de mí para yo atender las tuyas. Mientras ambos hagamos esto todo irá bien. Eso es básicamente el especialismo. Su propósito es compensar la carencia que percibimos en nosotros utilizando a alguien para que llene el vacío. Esto lo hacemos muy clara y destructivamente con la gente. Sin embargo, también lo podemos hacer con substancias y cosas. Por ejemplo, un alcohólico está tratando de llenar su vacío a través de una relación especial con una botella. Las personas que comen en exceso hacen lo mismo. Gente que tiene alguna manía como comprar mucha ropa, hacer mucho dinero, comprar cosas o tener un "status" en el mundo—todo es lo mismo. Es un esfuerzo por compensar lo mal que nos sentimos con nosotros mismos haciendo algo externo que nos haga sentir bien. Hay una sección muy hermosa y poderosa casi al final del texto, "No busques fuera de ti mismo" (T-29.VII). Cuando buscamos fuera de nosotros siempre estamos buscando un ídolo, lo cual se define como substituto de Dios. Realmente, sólo Dios puede satisfacer esta necesidad. Esto es el especialismo, pues: sirve el propósito del ego querer aparentar que nos protege de nuestra culpa, cuando lo que hace todo el tiempo es reafirmarla. Lo hace en tres formas básicas que ahora resumiré.

La primera es que tengo esta necesidad especial y tú te presentas y la satisfaces para mí, entonces lo que realmente he hecho es convertirte en un símbolo de mi culpa. (Estoy hablando ahora en términos del sistema del ego únicamente; no nos preocupemos por ahora del Espíritu Santo.) Lo que he hecho es asociarte con mi culpa porque el único propósito que le he dado a mi relación y amor por ti es que sirva para llenar mis necesidades. Por lo tanto, mientras que en el nivel consciente te he hecho símbolo del amor, en el nivel inconsciente lo que realmente he hecho es hacerte símbolo de mi culpa. Si no tuviera esta culpa no tendría necesidad de ti. El hecho de que tengo esta necesidad de ti me está recordando, inconscientemente, que realmente soy culpable. Así que esa es la primera forma cómo el amor especial refuerza la misma culpa contra la cual su amor está tratando de defenderse: mientras más importante seas en mi vida, más me recordarás que el propósito real que cumples en ella es protegerme de mi culpa, lo cual refuerza el hecho de que soy culpable.

Un ejemplo útil de este proceso es imaginar a nuestra mente como un pote de vidrio dentro del cual está toda nuestra culpa. Lo que más queremos en este mundo es mantener esta culpa asegurada dentro del pote; no queremos saber nada de ella. Cuando buscamos un socio especial estamos buscando a alguien que sirva de tapa para este pote. Queremos que esa tapa esté herméticamente cerrada. Mientras la tapa permanezca bien apretada al pote mi culpa no podrá salir al consciente y por lo tanto no sabré nada acerca de ella; permanece en mi inconsciente. El hecho mismo de que necesito que tú seas la tapa de mi pote me recuerda que hay algo terrible en ese pote que no quiero que escape o se salga. Repito, el hecho mismo de que te necesito me recuerda, inconscientemente, que tengo toda esta culpa.

La segunda forma como el amor especial refuerza la culpa es el "síndrome de la madre judía". ¿Qué sucede cuando esta persona que ha surgido para satisfacer todas mis necesidades de repente empieza a cambiar y ya no quiere hacerlo en la misma forma como lo hacía al principio? Los seres humanos tienen la desafortunada cualidad de cambiar y crecer; no se quedan estáticos como quisiéramos. Lo que esto significa, entonces, a medida que la persona empieza a cambiar, (quizá ya no me necesita en la forma como me necesitaba al principio) es que la tapa en este pote empezará a aflojarse. Mis necesidades especiales ya no serán atendidas en la forma como había yo exigido. A medida que esta tapa comienza a aflojarse, repentinamente mi culpa empieza a amenazar con salir a la superficie y escapar. El escape de la culpa significaría hacerme consciente de lo terrible que creo que soy. Haría cualquier cosa en el mundo para evitar esa experiencia.

En un punto en El Exodo Dios dice a Moisés, "Mi rostro no podrás verlo; porque no puede verme el hombre y seguir viviendo" (Ex 33:20), y lo mismo podemos decir nosotros acerca de la culpa: nadie puede mirar la culpa a la cara y vivir. La experiencia de afrontar lo terrible que creemos que somos es tan sobrecogedora que haríamos cualquier cosa en el mundo, excepto ocuparnos de eso. Así que cuando esta tapa empieza a aflojarse y mi culpa empieza a burbujear hacia la superficie, me aterrorizo porque de pronto me encuentro frente a todos estos sentimientos terribles que tengo acerca de mí mismo. Entonces mi meta es bien sencilla: volver a apretar esa tapa firmemente lo más pronto posible. Esto significa que quiero que vuelvas a ser como antes. No hay forma más poderosa en este mundo para hacer que alguien haga lo que tú quieras que haciéndole sentir culpable. Si quieres que alguien haga algo haces que se sienta bien culpable y hará lo que tú quieras. A nadie le gusta sentirse culpable.

La manipulación por medio de la culpa es la marca de fábrica de la madre judía. Cualquiera que no sea judío también conoce esto. Puedes ser italiano, irlandés, polaco, o lo que sea; es la misma cosa porque el síndrome es universal. Lo que haré es tratar de hacer que te sientas culpable y diré algo así como "¿Qué te sucedió? Eras una persona tan decente, amable, amorosa, considerada, sensitiva, gentil, comprensiva. ¡Ahora, mírate! ¡Mira cómo has cambiado! ¡Ahora, te importo un bledo! Eres egoísta, egocéntrico, e insensible...." Y dale que dale y dale. Lo que realmente estoy tratando de hacer es que te sientas bien culpable para que vuelvas a ser como eras. Todos conocemos esto, ¿verdad?

Ahora, si tú estás jugando el mismo juego de culpa, harás lo que yo quiero y la tapa se ajustará bien otra vez y yo te amaré como antes. Si no lo haces, y no sigues mi juego, me pondré furioso y mi amor se convertirá en odio (lo que era todo el tiempo). Tú siempre odias a aquel de quién dependes por las razones que di en el primer ejemplo, porque la persona de quien tanto dependes te está recordando tu culpa, la cual odias. Por lo tanto, por asociación, también odiarás a la persona a quien profesas amar. Este segundo ejemplo demuestra lo que es esto realmente: cuando ya no satisfagas mis necesidades como yo quiero, empezaré a odiarte. Y la razón por la cual te odiaré, es que no tolero bregar con mi culpa. Esto es lo que se conoce como el fin de la luna de miel. En estos días parece que esto pasa cada vez más pronto. Cuando las necesidades especiales no se atienden en la misma forma como se atendían antes el amor se convierte en odio.

Lo que sucede cuando la otra persona dice que no será más la tapa del pote es muy obvio. Entonces encuentro a alguien más. Como lo dice una de las lecciones del libro de ejercicios para estudiantes: "Se puede encontrar otra" (L-pI.170.8:7), y fácilmente. Entonces simplemente trasladas la dinámica de una persona a otra. Puedes hacer esto repetidamente, una vez tras otra, hasta tanto no hagas algo con tu verdadero problema, tu propia culpa.

Cuando realmente sueltes esa culpa estarás listo para una relación que será diferente. Esto será amor como lo ve el Espíritu Santo. Pero en tanto no lo hagas, y tu única meta sea mantener tu culpa oculta, entonces simplemente buscas otra tapa para el pote. El mundo es siempre muy colaborador para que encontremos personas que llenen esta necesidad. Simplemente entramos en toda una serie de relaciones especiales, una tras otra, las cuales el Curso describe minuciosamente.

La tercera forma en la cual el especialismo es un disfraz de odio y culpa en vez de amor sirve tanto para el odio especial como para el amor especial. Cada vez que utilizamos a las personas como un medio para atender nuestras necesidades no las estamos viendo como realmente son; no estamos viendo al Cristo en ellas. Más bien, sólo estamos interesados en manipularlas en forma tal que atiendan nuestras necesidades. Realmente no estamos viendo la luz que brilla en ellas; las estamos viendo en la forma particular de oscuridad que corresponde a la nuestra. Y cada vez que utilizamos o manipulamos a alguien para que atienda nuestras necesidades, realmente lo estamos atacando puesto que estamos atacando su verdadera identidad como Cristo, viéndolo como a un ego que refuerza al ego en nosotros. El ataque siempre es odio, por lo tanto siempre que ataquemos nos sentiremos culpables.

Por consiguiente, estas tres formas son exactamente cómo el ego reforzará la culpa, aun cuando nos diga que está haciendo otra cosa. Es por esto que el Curso describe la relación especial como el hogar de la culpa.

Repito, lo que hace al amor especial la defensa más devastadora y eficaz desde el punto de vista del ego es que aparenta ser lo que no es. Parece ser una cosa tan maravillosa, amorosa y santa cuando por primera vez surge el amor especial. Sin embargo, cuán rápidamente puede cambiar, a menos que seamos capaces de ir más allá de lo que parece ser hasta llegar al problema básico que es nuestra culpa.

Hay una sección importante en el texto llamada, "Los dos cuadros" (T-17.IV) que describe la diferencia entre el cuadro del ego y el del Espíritu Santo. El del ego es amor especial y es un cuadro de culpa, sufrimiento y finalmente muerte. Este no es un cuadro que el ego quiere que veamos porque, repito, si realmente supiéramos qué es lo que pretende el ego no le prestaríamos atención. Así que el pone su cuadro dentro de un marco muy hermoso y adornado, que brilla con diamantes, rubíes y todo tipo de joyería fina. Somos seducidos por el marco, o por los aparentes sentimientos buenos que nos dará el especialismo, y no reconocemos el verdadero regalo de culpa y muerte. Unicamente cuando nos acercamos al marco y lo miramos cuidadosamente, vemos que los diamantes son lágrimas y los rubíes gotas de sangre. De esto se trata el ego. Esta es una sección muy poderosa. Por el contrario, el cuadro del Espíritu

Santo es muy distinto; el marco del Espíritu Santo está muy suelto, se cae y nos permite ver el verdadero regalo, que es el Amor de Dios.

Existe otra cualidad que es muy importante y la cual siempre nos indica si estamos envueltos en una relación especial o en una relación santa. Siempre podemos darnos cuenta por nuestra actitud hacia otras personas. Si estamos envueltos en una relación especial, esa relación será exclusiva. No habrá cabida en ella para nadie más. La razón de esto es obvia, una vez que reconozcas cómo está realmente trabajando el ego. Si te he convertido en mi salvador, y de lo que me estás salvando es de la culpa, eso significa que tu amor por mí y la atención que me das me salvará de esta culpa que estoy tratando de ocultar. Pero si empiezas a tener un interés que no sea yo—bien sea otra persona u otra actividad—no me prestarás 100% de tu atención. En la medida en que empieces a cambiar tu interés o atención hacia algo o alguien, en esa medida tendré menos de ti. Esto significa que si no tengo el 100%, la tapa en mi pote empezará a aflojarse. Esta es la fuente de todos los celos. La razón por la cual la gente es celosa es porque siente que sus necesidades especiales ya no son atendidas como se supone que deben serlo.

Por lo tanto, si tu amas a alguna otra persona además de mí, eso significa que voy a recibir menos amor. Para el ego el amor es cuantitativo. Sólo existe determinada cantidad disponible así que si amo a éste no puedo amar a aquel otro en la misma medida. Para el Espíritu Santo el amor es cualitativo y abarca a todos. Esto no significa que amemos a todo el mundo de la misma manera; eso no es posible en este mundo. Lo que significa, sin embargo, es que la fuente del amor es la misma; el amor es el mismo, pero los medios de expresión serán distintos.

"Amaré" a mis padres "más" de lo que amaré a los padres de cualquiera en esta sala, no en calidad, sino en cantidad. El amor será básicamente el mismo pero, obviamente, se expresará en forma distinta. No significa que debido a que amo a *mis* padres ame menos a los *tuyos*, o que mis padres son mejor que los tuyos. Todo lo que eso quiere decir es que estas son las personas que he escogido, porque en mi relación con ellos aprenderé el perdón que me permite recordar el Amor de Dios. No significa que debes sentirte culpable si tienes una relación más profunda con unos que con otros. Existen ejemplos muy claros sobre esto en los evangelios, donde Jesús estaba más cercano a ciertos discípulos que a otros y estaba más cercano a sus discípulos que a otros de sus seguidores. No significa que amara menos a algunos, sino que la expresión del amor era más íntima y profunda con unos que con otros (véase, por ejemplo, Mt 7:1-2 y Jn 13:23-25).

•

Una relación santa significa que cuando amas a alguien no excluye el que ames a alguien más; no se hace a expensas de otro. El amor especial *siempre* será a expensas de otro. Siempre será un amor comparativo donde comparas a ciertas personas con otras; encuentras a algunas deficientes y a otras aceptables. El amor en este mundo no es así. Simplemente reconoces que ciertas personas te han sido "dadas" y han sido escogidas por ti para que puedas aprender y enseñar ciertas lecciones; pero eso no hace a esa persona mejor o peor que ninguna otra. Es así, repito, cómo puedes determinar cuando una relación es especial o santa, según el grado en que excluyes a otras personas.

Capítulo 4

LA MENTE CORRECTA:[10]
EL SISTEMA DE PENSAMIENTO DEL ESPIRITU SANTO

Hay un hermoso pasaje en *Un curso de milagros* donde Jesús dice que él ha guardado todos nuestros pensamientos amorosos y los ha purificado de todo error (T-5.IV.8:3-4). Todo lo que él necesita de nosotros para hacer nuestra realidad es que aceptemos el hecho de que esto es así. Pero no podemos hacerlo si todavía estamos aferrados a nuestra culpa. Ahora hablaré de cómo el Espíritu Santo nos da un camino perfecto para soltar toda esta culpa.

La ira – el perdón

El Espíritu Santo es muy astuto. Con todo lo astuto que el ego cree que es, el Espíritu Santo le lleva ventaja. Utiliza la misma dinámica de proyección que ha utilizado el ego para crucificarnos y mantenernos en la prisión de la culpa, y le voltea las cartas. Si imaginas la proyección como un proyector de cine, imagina que voy a ser el proyector y que

10. Para su definición, véase el Glosario en el Apéndice.

tengo mi propia película de culpa que siempre estoy pasando. Loque esto significa es que yo proyecto sobre toda la gente de mi mundo mi propia culpa. Proyecto la culpa de mi película hacia las pantallas de estas personas y veo mi propio pecado y culpa en todos los demás.

La razón por la cual hago eso, repito, es porque estoy siguiendo la lógica del ego que asevera que ésta es la forma para zafarme de mi culpa. Ahora, no hay forma como yo pueda manejar mi propia culpa solo. No hay forma de mirar la culpa a la cara y vivir; sería un pensamiento demasiado devastador. Pero la misma cosa que el ego ha utilizado para atacarme reforzando mi culpa con la apariencia de que la suelta—este mismo mecanismo de ubicar mi culpa fuera de mí—me da la oportunidad de soltarla. Ver en ti la culpa a la cual no puedo enfrentarme me da la oportunidad de soltarla. Y eso es el perdón, simple y llanamente. Perdón es deshacer la proyección de la culpa.

Repito, proyectar la culpa que no puedo manejar y soltarla hacia la pantalla que eres tú, me da la oportunidad de mirarla y decir, ahora la puedo ver en forma diferente. Los pecados y culpa que paso por alto y perdono en ti son realmente los mismos pecados y culpa de los cuales me considero responsable. Esto, entre paréntesis, tiene que ver con el *contenido* del pecado, no la *forma*, lo que puede ser bastante diferente. Al perdonarlo en ti lo que estoy haciendo, en efecto, es perdonándolo en mí. Esta es la idea clave de todo el Curso. De esto es realmente de lo que tratan todas estas palabras: proyectamos nuestra culpa hacia otras personas, así que cuando escogemos mirar a esa persona como el Espíritu Santo nos indica que la miremos—a través de la visión de Cristo—eso nos permite cambiar nuestro pensamiento sobre nosotros mismos.

Lo que he hecho es proyectar mi propia obscuridad en ti para que la luz de Cristo en ti se obscurezca. Al tomar la decisión de decir que no estás en la obscuridad—verdaderamente estás en la luz, que es la decisión de soltar la obscuridad que he colocado en ti—estoy realmente tomando la misma decisión acerca de mí. Estoy diciendo que la luz de Cristo brilla no sólo en ti sino también en mí, y en realidad, es la misma luz. Esto es el perdón.

Entonces, lo que esto quiere decir es que debemos estar agradecidos por cada persona en nuestras vidas, especialmente aquellas con quienes tenemos más problemas. Las que más odiamos, las que encontramos más desagradables, con quienes nos sentimos más incómodos, son aquellas que el Espíritu Santo nos ha "enviado" y que puede usar para demostrarnos que podemos escoger otra cosa respecto a aquellos a quienes estábamos tentados de proyectarles nuestra culpa. Si esas personas no hubieran estado en la película y en la pantalla de nuestras vidas, no sabríamos que esta culpa está verdaderamente en nosotros. Por lo tanto, no tendríamos la oportunidad de soltarla. La única oportunidad que tenemos de perdonar nuestra culpa y de liberarnos de ella es viéndola en alguien más y perdonándola allí. Al perdonarla en esa otra persona la estamos perdonando en nosotros mismos. Repito, en esas pocas líneas está la suma y substancia de *Un curso de milagros*.

Entonces, el perdón puede ser resumido brevemente en tres pasos básicos. El primer paso está en reconocer que el problema no está allá fuera en mi pantalla. El problema está dentro, en *mi* película. El primer paso dice que mi furia no está justificada, aun cuando siempre me dice que el problema está fuera de mí en ti, y que tú debes cambiar para que yo no tenga que cambiar. Así, el primer paso dice que el problema no está fuera, que más bien está dentro de mí. La razón por la cual este paso es tan importante se debe a que Dios colocó la Respuesta al problema de la separación dentro de nosotros; el Espíritu Santo no está fuera de nosotros, el Espíritu Santo está dentro de nosotros, en nuestra mente. Al sostener que el problema está fuera de nosotros, lo que hace la proyección, estamos manteniendo el problema alejado de la respuesta; esto es exactamente lo que quiere el ego, porque si el problema del ego lo resuelve el Espíritu Santo entonces no hay más ego.

El ego es muy engañoso y sutil al hacernos creer que el problema está fuera de nosotros, bien sea en otra persona—nuestros padres, maestros, amigos, esposos, hijos, el presidente—o en la bolsa de valores, el clima, hasta en Dios Mismo. Somos muy buenos para ver el problema donde no está, de manera que su solución se mantenga alejada. Dos lecciones muy buenas del libro de ejercicios para estudiantes que aclaran esto son la 79 y la 80: “Que reconozca yo el problema para que pueda resolverse” y “Que reconozca yo que mis problemas se han resuelto.” Hay un solo problema y éste es la creencia en la separación misma, o el problema de la culpa; siempre es interno, no externo. Pero el primer paso hacia el perdón, repito, es admitir que el problema no está en ti, el problema está en mí. La culpa no está en ti, está en mí mismo. El problema no está en esa pantalla donde lo proyecté; más bien está en la película que está dentro de mí, la cual es una película de culpa.

Ahora el segundo paso, que es el más difícil, el paso que todos en el mundo quisiéramos evitar, consiste en manejar esta película, nuestra propia culpa. Eso, repito, es el porqué tenemos una inversión tan fuerte en justificar y nutrir esta ira y ataque, y en ver al mundo dividido en buenos y malos. Mientras hagamos eso no tendremos que manejar este segundo paso, que es mirar nuestra propia culpa y todos los sentimientos de odio que tenemos hacia nosotros mismos.

En el primer paso digo que mi furia es una decisión que tomé para proyectar mi culpa. Ahora en el segundo paso digo que esta misma culpa también representa una decisión. Representa la decisión de verme culpable en vez de libre de culpa. Más bien, debo reconocer que soy un Hijo de Dios en vez de un hijo del ego, que mi verdadero hogar no está en este mundo sino en Dios. No podemos hacer esto en tanto no miremos nuestra culpa y admitamos que esto no es lo que realmente somos. No podemos decir esto mientras no miremos a alguien más y digamos, "Tú no eres lo que hice de ti; tú eres realmente lo que Dios creó."

El Curso tiene pasajes muy poderosos que tratan justamente sobre lo aterrador que es este paso. Un falso concepto que tiene la gente, especialmente cuando ve *Un curso de milagros* por primera vez, es que piensa que todo esto es lindo y fácil. El Curso te confunde si no tienes cuidado. En un nivel habla acerca de lo sencillo que es; cómo realmente todos estamos en casa con Dios "soñando con el exilio" (T-10.I.2:1); cómo todo esto terminará en un instante si simplemente cambiamos nuestras pensamientos, etc. Entonces lo que sucede es que vemos estos pasajes y olvidamos los otros que hablan sobre el terror que acarrea este proceso; la incomodidad, resistencia y conflicto que surgirán cuando empecemos a dar estos pasos para manejar nuestra culpa.

Nadie puede soltar al ego sin manejar su culpa y su miedo, porque eso es el ego. Jesús dijo en el evangelio: "El que no lleve su cruz y venga en pos de mí, no puede ser discípulo mío" (Lc 14:27; véase también Mt 10:38 y Mc 8:34). A esto es a lo que él se refiere. Tomar la cruz es manejar nuestra propia culpa y miedo para trascender el ego. No hay forma de que uno pueda pasar por este proceso sin la dificultad y el dolor que esto implica. Ahora, esta no es la Voluntad de Dios para nosotros; es nuestra propia voluntad puesto que nosotros la forjamos. Fuimos nosotros quienes hicimos la culpa, por consiguiente, antes que podamos soltarla primero tenemos que mirarla, y esto puede ser muy doloroso. Hay dos lugares en particular—las lecciones 170 y 196 del libro de ejercicios para estudiantes (L-pI.170; L-pI.196.9-12)—los cuales describen este proceso y la cantidad de terror que hay envuelto. "Los dos mundos" (T-18.IX.3) también habla acerca del terror aparente por el cual tenemos que pasar y del terror de tener que manejar este miedo a Dios, el último obstáculo para la paz, que es donde más profundamente está enterrada nuestra culpa.

Así que el segundo paso es estar dispuesto a mirar nuestra culpa y admitir que nosotros la hicimos, que la culpa no representa el regalo de Dios para nosotros sino nuestra decisión de vernos como Dios *no* nos creó. Esto es vernos como hijos de la culpa en vez de hijos del Amor. *Un curso de milagros* es bien claro al hacer énfasis en que debido a que hicimos la culpa no somos nosotros quienes la podemos deshacer. Necesitamos ayuda externa al ego para poder deshacerla. Esta ayuda es el Espíritu Santo. Y lo único que podemos escoger es invitar al Espíritu Santo para que corrija el sistema de pensamiento del ego y que nos quite la culpa. Este es el tercer paso. El segundo paso, en realidad, le dice al Espíritu Santo: "Ya no quiero verme culpable; por favor quítame la culpa." El tercer paso le pertenece al Espíritu Santo y El sencillamente quita la culpa porque, en realidad, ya la ha quitado. El único problema es que nosotros lo aceptemos.

Así, replanteando los tres pasos: El primer paso deshace la ira proyectada al admitir que el problema no está fuera de mí; el problema está dentro de mí. El segundo paso dice que el problema que está dentro de mí es uno que yo forjé y que ya no quiero. El tercer paso se toma cuando se lo entregamos al Espíritu Santo y El se hace cargo del mismo.

Estos pasos suenan muy lindos y sencillos, pero si tienes suerte los darás en una vida. No debes creer que esto se hará de la noche a la mañana. Algunas personas tienen una esperanza mágica de que una vez terminan el libro de ejercicios para estudiantes en un año estarán en el Reino. Bueno, eso está bien hasta que llegas al final del libro de ejercicios para estudiantes y lees: "Este curso es un comienzo y no un final" (L-pII.ep.1:1). El propósito del libro de ejercicios para estudiantes es encaminarnos por el camino correcto, ponernos en contacto con el Espíritu Santo, y de ahí en adelante operar con El. Es trabajo de toda una vida deshacer nuestra culpa, y la razón de ellos es que la culpa en nosotros es tan enorme que si nos enfrentáramos a ella de una vez sería tan abrumador que creeríamos que vamos a caer muertos, o a enloquecer. Por lo tanto, tenemos que manejarla por partes. Las distintas experiencias y situaciones que comprenden nuestras vidas se pueden utilizar como parte del plan del Espíritu Santo para llevarnos de la culpa a ser libres de culpa.

Un curso de milagros habla mucho acerca de economizar tiempo. En realidad, muchas veces habla de economizar mil años si sigues lo que te dice. En la ilusión de tiempo del mundo, aún estamos hablando de una gran cantidad de tiempo. La razón por la cual hago énfasis sobre esto es porque no quiero que se sientan culpables si tienen problemas mientras trabajan con el Curso. En el nivel práctico del Curso la verdadera meta no es que lleguemos a estar libres de problemas, sino que lleguemos a reconocer lo que son, y que luego reconozcamos dentro de nosotros mismos los medios para deshacerlos.

Repito, el propósito de *Un curso de milagros* es plantear muy claramente el sistema de pensamiento del ego, el sistema de pensamiento del Espíritu Santo—nuestra mente errada y nuestra mente correcta—y capacitarnos para que elijamos contra la mente errada a favor del perdón y del Espíritu Santo. Repito, este es un proceso lento y tenemos que ser pacientes. Nadie se libera de la culpa de la noche a la mañana. La gente que dice que trascendió el ego probablemente no lo ha hecho. Si realmente lo hubiera hecho no te lo contaría porque estaría por encima de ello.

Permítanme ahora hablar específicamente de cómo es que funciona esto. Y aquí vemos cómo Jesús y el Espíritu Santo nos piden que manejemos las situaciones que se presentan en nuestras vidas. Digamos que estoy aquí sentado tal como estoy, tratando de atender los asuntos de mi Padre (Lc 2:49), y alguien entra y me insulta o me lanza algo. Asumamos por ahora que mientras estoy aquí sentado, no estoy en mi mente correcta. En otras palabras, creo que soy un ego. Me siento temeroso y culpable y no creo que Dios está conmigo; realmente no me estoy sintiendo muy bien conmigo mismo. Ahora tú entras y empiezas a gritarme, a enfurecerte conmigo, acusándome de todo tipo de cosas. En cierto nivel, puesto que soy culpable, creeré que tu ataque contra mí está justificado. Esto no tiene nada que ver con lo que digas o no digas, o si lo que estás diciendo es verdad. El hecho de que ya soy culpable demanda que yo crea que debo ser castigado y atacado. Tú entras y haces justamente lo que creo que me merezco. Esto hará dos cosas. Primero, tu ataque contra mí reforzará toda la culpa que ya siento. Segundo, reforzará la culpa que *tú* ya sientes porque no me estarías atacando si no fueras culpable. Y el mismo hecho de que me atacas reforzará tu culpa.

En esta situación no voy a quedarme aquí sentado a recibir tu ataque sin ofrecer resistencia. Haré una de dos cosas, las cuales son lo mismo. Una es que me iré a un rincón y lloraré y te diré que mires lo mal que me has tratado, que mires todo el sufrimiento que me has ocasionado, que mires lo miserable que me siento; y que deberías sentirte responsable de esto. El mensaje que estaría dando es: debido al daño que me has hecho ahora estoy sufriendo. Es mi forma de decirte que deberías sentirte bien culpable por lo que has hecho. La otra forma cómo haré la misma cosa es contra-atacándote. Simplemente te insultaré llamándote todos los nombres del libro y te diré: "Y tú de donde sales insultándome en esa forma; *tú* eres realmente el malvado, etc."

Estas dos defensas de mi parte son realmente formas de hacer que te sientas culpable por lo que me hiciste. El hecho mismo de hacerte eso constituye un ataque del cual me siento culpable; el hecho mismo de imponerte culpa, a ti que ya estás sintiéndote culpable, va a reforzar tu culpa. Así que lo que sucede en el momento en que tu culpa se encuentra con la mía es que ambos la reforzamos el uno en el otro, y entonces ambos estamos aun más condenados a esta prisión de culpa en la cual vivimos.

Esta vez asumamos que tú entras aquí y me insultas, pero ahora estoy en mi mente correcta y me siento bien conmigo mismo. Sé que Dios está conmigo, que Dios me ama y debido a eso nada puede hacerme daño. No importa lo que tú me hagas, sé que Dios está conmigo, sé que estoy a salvo y seguro. Sé que no importa lo que digas, aun cuando pueda ser verdad en un nivel, en un nivel más profundo no puede ser verdad porque sé que soy un Hijo de Dios y, por lo tanto, soy perfectamente amado por mi Padre. No hay nada que puedas hacer o decir que me pueda quitar eso.

Si asumimos que esta es la posición en la que estoy aquí sentado y tú entras y me insultas, entonces estoy libre para mirar en forma distinta lo que has hecho. Hay una línea maravillosa en la primera epístola de Juan en el Nuevo Testamento que dice, "El amor perfecto expulsa el temor" (1 Jn 4:18). Jesús la menciona varias veces en el Curso en formas distintas (véase, por ejemplo, T-13.X.10:4; T-20.III.11:3). Lo que eso significa es no sólo que el amor perfecto deshace el miedo, sino que también deshace el pecado, la culpa y cualquier forma de sufrimiento e ira. No hay manera de que alguien que esté lleno del Amor de Dios (e identificado con él) pueda tener miedo, ira, culpa o querer hacerle daño a alguien. Es absolutamente imposible sentir el Amor de Dios y tratar de hacerle daño a otra persona. Simplemente no lo puedes hacer.

Esto significa que si estás tratando de hacerme daño, en ese momento específico no crees que estás lleno del Amor de Dios. En ese momento específico no te identificas a ti mismo como un Hijo de Dios. No crees que Dios es tu Padre y, debido a que estás en tu estado de ego, te sentirás amenazado y culpable. Crees que Dios te va a atrapar. Y la única forma cómo puedes manejar toda esta culpa es atacando a un hermano tuyo. Esto es lo que hará la culpa siempre. Por lo tanto, tus insultos o ataques están diciendo realmente: "Por favor enséñame que estoy equivocado; por favor enséñame que hay un Dios Que me ama, y que soy Su Hijo. Por favor demuéstrame que el amor que considero imposible para mí está realmente ahí." En consecuencia, cada ataque es un pedido de ayuda o un llamado de amor.

La primera sección del capítulo 12 del texto, "El juicio del Espíritu Santo" (T-12.I), es una aseveración muy clara de esto. Ante los ojos del Espíritu Santo cada ataque es un pedido de ayuda o un pedido de amor, porque si la persona sintiera amor nunca podría atacar. El ataque es una expresión de que la persona no se siente amada y, por lo tanto, es un pedido de amor. Está diciendo: "Por favor demuéstrame que estoy equivocado, que realmente hay un Dios que me ama, que soy Su Hijo y no un hijo del ego." Si estoy aquí sentado en mi mente correcta, esto es lo que escucharé. Escucharé en el ataque un pedido de amor. Y puesto que en ese momento estoy identificado con el Amor de Dios, ¿cómo podría responder en otra forma que no fuera tratar de extender ese Amor?

La forma específica cómo yo responda al ataque depende del Espíritu Santo. Si estoy en mi mente correcta, pediré su ayuda y El me mostrará cómo debo responder. La forma cómo yo actúe no importa. Este no es un curso en acción o conducta, sino en cambio de nuestro pensamiento. Tal como lo dice *Un curso de milagros*, "No trates de cambiar el mundo, sino elige más bien cambiar tu parecer acerca de él" (T-21.in.1:7). Si pensamos de acuerdo con el Espíritu Santo entonces todo lo que hagamos será correcto. San Agustín dijo, "Ama y haz lo que quieras." Si el amor está en nuestro corazón todo lo que hagamos será correcto; si no está en nuestro corazón todo lo que hagamos estará equivocado, no importa lo que sea. Por lo tanto, mi preocupación o interés no está en lo que haga cuando me ataques; mi interés está en cómo puedo permanecer en mi mente correcta de modo que pueda consultar al Espíritu Santo sobre lo que debo hacer. Repito, si estoy en mi mente correcta veré tu ataque como un pedido de ayuda y nunca como un ataque.

Esta idea sobre el juicio es extremadamente importante. De acuerdo con el Espíritu Santo, sólo existen dos juicios que podemos hacer acerca de alguien o de algo en este mundo. Es, o una expresión del amor, o un llamado al amor. No existe otra alternativa posible, lo que hace el vivir en este mundo muy sencillo, tan pronto se piense en esta forma. ¿Si alguien me expresa amor, cómo puedo responder en cualquier otra forma excepto devolviendo amor? ¿Si un hermano o hermana está pidiendo amor, cómo puedo reaccionar en cualquier otra forma que no sea dar amor? Repito, esto hace el vivir en este mundo algo muy sencillo. Esto quiere decir que no importa lo que hagamos, no importa lo que el mundo aparente que nos hace, nuestra respuesta será siempre una de amor, lo que verdaderamente hace que todo sea muy, muy sencillo. Como dice el Curso, "la complejidad es cosa del ego" (T-15.IV.6:2), mientras que la simplicidad es de Dios. Mientras sigamos los principios de Dios todo lo que hagamos siempre será lo mismo. La sección al final del capítulo 15 se escribió en el Año Nuevo y Jesús sugiere como resolución de Año Nuevo "hacer este año diferente haciendo que todo sea lo mismo" (T-15.XI.10:11). Si ves que todo es, o una expresión del amor o un pedido de amor, entonces siempre reaccionarás en la misma forma: con amor.

El perdón es mirar más allá de la oscuridad de tu ataque y verlo como un pedido de luz. Esta es la visión de Cristo. La meta de *Un curso de milagros* es ayudarnos a tener esa visión para enfrentarnos a toda situación y a cada persona en nuestra vida, sin excepción. Hacer una sola excepción es verdaderamente decir que hay una parte de mí que quiero mantener oculta en la obscuridad de la culpa y nunca liberarla por medio de la luz. La forma cómo haré eso es proyectándolo hacia ti para ver esa mancha de obscuridad en ti. La visión final del Curso viene en la última página del texto donde dice que "ni queda una sola mancha de obscuridad para ocultarle a nadie el rostro de Cristo." Entonces será deshecha toda obscuridad de culpa en nosotros. Entonces veremos el rostro de Cristo, que incidentalmente, no es el rostro de Jesús. El rostro de Cristo es el rostro de la inocencia que vemos en cada uno en este mundo. Habremos logrado la visión de Cristo y a eso es a lo que se refiere el Curso como el mundo real, la meta final antes del Cielo.

Lo que esto significa en términos de cómo vivimos nuestras vidas es que podemos ver cada cosa que sucede — desde el momento en que nacemos hasta el momento en que morimos, desde el momento en que despertamos cada día hasta el momento en que nos vamos a dormir cada noche—como una oportunidad que puede utilizar el Espíritu Santo para ayudarnos a vernos sin culpa. La forma cómo miramos a las personas en nuestras vidas es la forma cómo nos miramos a nosotros mismos. Por lo tanto, aquellas personas que son las más difíciles y problemáticas son los mejores regalos para nosotros porque si podemos sanar nuestra relación con ellos, lo que verdaderamente estamos haciendo es sanando nuestra relación con Dios.

Cada problema que vemos en otro, que queremos excluir de nuestras vidas, es verdaderamente el deseo secreto de excluir de nosotros mismos alguna parte de nuestra culpa y así no tener que soltarla. Esa es la atracción de la culpa del ego. La mejor forma para retener nuestra culpa es darle duro en la cabeza a alguien. Cada vez que estamos tentados a hacerlo, el Curso nos dice que hay Alguien con nosotros que nos tocará el hombro y dirá: “Hermano mío, elige de nuevo.” Y la elección siempre es si perdonamos o no perdonamos. Lo que escogemos en términos de perdonar a alguien es lo mismo que escogemos en términos de perdonarnos a nosotros mismos. No hay diferencia entre lo interno y lo externo; todo es una proyección de lo que sentimos internamente. Si sentimos culpa internamente entonces eso es lo que proyectaremos hacia fuera. Si sentimos el Amor de Dios dentro, entonces eso es lo que extenderemos hacia fuera. Cada persona y circunstancia en nuestras vidas nos ofrece la oportunidad de ver lo que está dentro del proyector de nuestras propias mentes; nos ofrece la oportunidad de escoger otra vez.

P: Toda la idea suena magnífica, pero entonces me envuelvo con ejemplos prácticos para hacerla funcionar. Puedo poner un ejemplo donde me veo en un aprieto y no puedo ver cómo se puede resolver. Por ejemplo, digamos que estás trabajando en un proyecto para la universidad. Tienes una hora para terminarlo y alguien te interrumpe. En ese momento tú puedes escoger actuar en una forma u otra. Supongamos que la persona te vuelve a interrumpir y aun tienes sólo una hora para completar el proyecto. ¿Hasta qué punto puede expresarse la ira dentro del estado de ánimo correcto?

R: Esa es una pregunta muy buena. Henri Nouwen, profesor de la Universidad de Yale, una vez dijo que siempre lo estaban interrumpiendo en su trabajo hasta que reconoció que las interrupciones *eran* su trabajo. Alguien como yo, que siempre parece que lo están interrumpiendo, debería encontrar en esto una lección muy útil. Trataré de dar algunas pautas.

El asunto depende realmente de cómo ves la finalidad de tu uso de esa hora; bien sea lo que tú crees que es tu finalidad, o cual es la finalidad de Dios para ti. Una posibilidad es que lo que tiene que hacerse en esa hora no necesita realmente una hora. Quizá no tenga que hacerse. Y quizá la persona que te está interrumpiendo es más importante que el trabajo. Quizá los dos sean importantes. Quizá el trabajo tenga que terminarse y quizá esta persona también necesita alguna demostración de perdón. Aquí es donde la fe de uno es tan importante. Todo lo que he dicho hasta ahora sobre el perdón incluye lo que *tenemos* que hacer. *Un curso de milagros* es bien claro en cuanto a que el perdón no puede lograrse por nosotros mismos sino por el Espíritu Santo a través de nosotros. Cuando parece que estás en una situación en la cual lo que haces está equivocado, la fe te dice que esto no sucede accidentalmente. Esto forma parte de alguna lección importante para ti y para la otra persona.

Lo que tienes que hacer entonces es ir dentro de ti, orar en la forma que acostumbras y decir: "Mira, quiero terminar este proyecto pero aquí está esta persona pidiendo ayuda a gritos. No quiero verla como un estorbo, sino como mi hermano o hermana. ¡Socorro!" Si esa es tu verdadera meta, no hacer daño mientras haces lo que crees que tienes que hacer, en alguna forma todo funcionará.

Eso es lo que es un milagro: un milagro no es nada mágico que sucede en lo externo; es algo que sucede en tu interior que permite que esta situación se elabore en su totalidad. Ese es el principio que debes seguir toda y cada una de las veces que tengas una situación que parezca no tener solución; es cuando sinceramente no quieres herir a nadie, pero quieres hacer lo que tienes que hacer, y no sabes cómo hacerlo. Es el planteamiento más honrado que podemos hacer, porque de por sí no sabemos qué hacer, aun cuando nos sintamos absolutamente seguros. Pero hay Alguien dentro de nosotros que sabe, y El es a Quien podemos recurrir. Esa es verdaderamente la respuesta a nuestro problema. Y esa será la respuesta a todos nuestros problemas.

Ahora quiero hablarles sobre "Jesús en el Templo". Esta es una pregunta que surge cada vez que hablo sobre la ira, especialmente si me estoy dirigiendo a un grupo cristiano. Todos ustedes conocen la escena de Jesús en el templo. Probablemente sucedió; de lo contrario no aparecería en los cuatro evangelios (Mt 21:12; Mc 11:15; Lc 19:45; Jn 2:15). De paso, esa es una forma para averiguar si algo sucedió o no. Hay tres evangelios que forman un grupo, Mateo, Marcos y Lucas. Y está Juan, que es notoriamente distinto. Si aparece algo en los cuatro evangelios es muy probable que realmente haya sucedido. Quizá no siempre sucedió como está escrito, pero las posibilidades son de que sucedió.

La escena aparece en Mateo, Marcos y Lucas al final de la vida de Jesús, justo antes de que lo arrestaran. En Juan ocurre justo al inicio de su ministerio. Jesús está en el templo en Jerusalén, el lugar más sagrado del judaismo. La gente está cobrando dinero por toda clase de cosas; realmente están utilizando el templo para sus propios fines. Y Jesús dice: "Estaís tratando la casa de mi Padre como cueva de ladrones." Aquí él está citando a Jeremías (Jr 7:11). Luego voltea las mesas de los mercaderes a quienes lanza fuera del templo. Entre paréntesis, en ningún lugar del evangelio se dice que Jesús esté iracundo, sino que lo describe en un estado que podría ser equivalente a la ira. Ese es el incidente que utiliza la gente para justificar lo que llaman ira justificada. Después de todo, dicen, Jesús se puso furioso, ¿por qué no puedo hacerlo yo? Es interesante ver que se olvidan de todo lo que está en los evangelios donde Jesús expone su punto de vista respecto a la ira. Sólo tienes que leer el Sermón de la Montaña donde dijo: "Habeís leído en la Ley, no matarás. Os digo que ni siquiera te enojarás con tu hermano" (Mt 5:21-22). Esa es una aseveración muy clara que describe exactamente lo que hizo al final de su vida, cuando aparentemente nadie hubiera estado más justificadamente furioso que él. Pero él no se puso furioso.

Es muy interesante ver cómo la gente toma un incidente y olvida todo lo demás. Sin embargo, creo que hay tres formas básicas de interpretar esta escena. Una es que no sucedió en la forma como la escribieron. Eso podría interpretarse como una evasiva, pero existe suficiente evidencia de eruditos contemporáneos de las escrituras que indican que gran cantidad de palabras airadas que le atribuyeron a Jesús no eran suyas, sino que la iglesia primitiva cristiana se las atribuyó para tratar de justificar su propia posición. Hay una línea donde se cita a Jesús: "No he venido a traer paz sino espada" (Mt 10:34), que incidentalmente el reinterpreta en el Curso (T-6.I.15:2). El *Comentario Bíblico de San Jerónimo*, versado y autorizado libro católico, pregunta cómo el Príncipe de la Paz pudo haber dicho eso. Concluye que esto vino de la iglesia primitiva y no de Jesús. Así que una clara posibilidad es que él no hizo tal cosa en la forma cómo la describen.

Pero dejando eso a un lado por un momento, asumiendo que lo hizo, la forma cómo yo escogería entenderlo es ésta. Como cualquier buen maestro Jesús sabía cómo hacerse entender en la forma más eficaz posible. Esta es una escena muy dramática, a plena vista de toda la gente en Jerusalén que está allí para la Pascua (de los hebreos), una de las tres fiestas más importantes del judaísmo, cuando todos debían estar en el templo en Jerusalén. Esto sucedía justo antes de la Pascua así que el lugar estaba lleno de gente. Este era el lugar más sagrado en la tierra para un judío, y es aquí donde Jesús escoge demostrar claramente cómo el templo de su Padre debía ser tratado. Por lo tanto, una forma de ver esto es que él no estaba personalmente colérico sino más bien estaba tratando de demostrar su enseñanza en la forma más dramática y convincente posible.

Cuando hablamos de ira existen tres cualidades principales. Una es que la persona que está furiosa no está en paz. La gente no trataría de aseverar que en el momento que están furiosos también están en paz. Los dos estados se excluyen mutuamente. La segunda es que en el momento cuando estás furioso Dios está bien apartado de tu mente. Tú no estás pensando en Dios; estás pensando en lo que te ha hecho esa persona terrible. La tercera cualidad de ira incluye a la persona con quién estás bravo; no la estás viendo como tu hermano o hermana en ese momento. Obviamente, estás viendo a esa persona como tu enemigo, de lo contrario no la estarías atacando.

Personalmente encuentro difícil creer que en ese momento en la vida de Jesús nada de este mundo le hubiera podido robar su paz, hubiera podido hacerle olvidar a su Padre, o le hubiera permitido ver a alguien en el mundo no como su hermano o hermana. Por consiguiente, creo que lo que Jesús estaba haciendo en el templo no era ponerse furioso como nos ponemos nosotros sino que estaba haciendo una presentación impactante y enseñando una lección para que la gente captara su mensaje. Hay muchos ejemplos en los evangelios donde se ve claramente cómo Jesús enseña en una forma cuando enseña a las multitudes, y en otra forma muy distinta cuando enseña a sus apóstoles, y aun una tercera forma con los apóstoles con quienes tenía mayor intimidad—Juan, Santiago o Pedro (véase, por ejemplo, Mt 5 y Mc 9:2). Existen distintos niveles de enseñanza, como lo sabe cualquier maestro. El templo era un lugar público donde él trataba de captar la atención de la gente para lograr su mensaje. Por lo tanto, no estaba personalmente furioso con las personas que estaba lanzando fuera.

Existe aún una tercera forma de explicar todo esto y esta sería decir que Jesús tenía un ataque de ego. Simplemente se hartó, se impacientó y se puso furioso; gritó y bramó. Personalmente no puedo creer que esto pudiera sucederle en ese momento en su vida. Pero si tú dices que eso fue lo que hizo, la pregunta sería, por qué tú quieres identificarte con su ego en vez del Cristo en él y todas las otras cosas que él enseño, dijo y ejemplarizó.

Así que las tres explicaciones son: (1) No sucedió así, (2) sencillamente estaba tratando de enseñar en un nivel distinto y no estaba airado, o (3) simplemente tenía un ataque de ego, y ¿por qué quieres identificarte con eso cuando hay formas mucho mejores de manejar ese problema?

P: ¿Por qué es que la ira se utiliza tanto en la psicoterapia como terapeútica, trabajándola y ese tipo de cosas?

R: Gran parte de la psicoterapia es del ego. Es desafortunado que la psicología de los últimos veinte o treinta años haya descubierto la ira y la haya convertido en ídolo. Déjenmen hablarles un poco acerca de la ira, que es uno de los problemas más grandes en el mundo. El folleto *Psicoterapia: su propósito, proceso y práctica*[11] habla del problema de la psicoterapia realmente como un problema de ira. La razón de esto es que la ira es la defensa prominente contra la culpa. La ira nos mantiene afianzados fuera de nosotros mismos.

Es interesante considerar la ira en términos de su historia a través de este siglo, especialmente en términos de cómo los psicólogos la han visto. Eso nos ofrece el trasfondo para ver cómo la gente la considera ahora. Durante los primeros cincuenta años de este siglo la psicología estuvo dominada por Freud y el psicoanálisis. Cuando leemos a Freud y vemos la influencia que ejerció, es útil recordar que hizo todo su trabajo en una atmósfera muy victoriana. A principios de siglo Viena estaba bajo la influencia de los

---

11. *Psychotherapy: Purpose, Process and Practice* (Mill Valley, CA: Foundation for Inner Peace, 1976).

valores victorianos y Freud era sólo un hijo de su tiempo. Esto significa que tenía prejuicios y temores muy marcados acerca de los sentimientos y por consiguiente, de la expresión de los mismos. Lo interesante es que toda su teoría está encaminada a liberarnos de la represión, pero la actitud que tenía personalmente y la cual proyectaba en sus teorías era que no debíamos expresar nuestros sentimientos. Podemos analizarlos, sublimarlos o desplazarlos, pero no debemos expresarlos. Aquí nos concentraremos en el sentimiento de ira.

El sentimiento predominante en psicología y psicoterapia era que se le enseñara a la gente a analizar sus pensamientos o a sublimarlos, o desplazarlos hacia otras cosas. Sin embargo, no debían expresarlos. Ciertamente ésta era, igualmente, una virtud predominantemente cristiana. Un cristiano "verdadero" pone la otra mejilla, lo que quiere decir que se nos abofetea dos veces, según nos enseñaron y según lo comprendimos. Incidentalmente, esta no fue la forma cómo Jesús lo enseñó—que somos víctimas que sufrimos en su nombre. Todo esto se reforzó con la idea de que la ira era algo a lo cual había que temerle. Se consideraba algo malo que debía taparse y reprimirse. Después de la segunda guerra mundial hubo una revolución en la psicología. Repentinamente la gente descubrió que tenía sentimientos. Surgieron los movimientos de "grupos-T", grupos de sensibilidad, entrenamientos de sensibilidad, grupos de encuentro, grupos maratónicos, etc. Entonces la gente se hizo experta en romper las defensas contra la ira y en vivir todos sus sentimientos y emociones, especialmente la ira.

El péndulo se columpió de un extremo al otro. En vez de enseñarle a la gente a reprimir la ira y a analizarla, el criterio para la salud mental se convirtió en sacar todos los sentimientos. La gente se tornó experta en expresar sus sentimientos. Así que, se establecieron dos alternativas básicas, una era reprimir la ira y la otra era expresarla. Si reprimimos la ira contínuamente nos van a dar úlceras y problemas gastrointestinales. Por el contrario, si expresamos nuestra ira siempre, estaremos haciendo exactamente lo que mencionaba antes: sólo estaremos reforzando la culpa misma que sustenta la ira. Así que parece que no hay salida.

La clave para comprender el problema es ver la premisa que sirve de apoyo a estas dos alternativas, y lo interesante es observar que la premisa es la misma. Las soluciones parecen ser totalmente diferentes—la una es represión y la otra expresión—pero la premisa es la misma. Es realmente cara y cruz de la misma moneda. La premisa es que la ira es una emoción humana básica que es inherente a la especie humana. Por lo tanto, cuando se discute la ira se describe casi como si fuera una masa de energía cuantificable. Hay algo inherente en nosotros que nos hace humanos lo cual incluye la ira, y tenemos que hacer algo con ella. Si la tapamos y la reprimimos entonces explota dentro de nosotros y nos dan úlceras. Alternativamente, podemos sacar esta masa de energía de nosotros y fuera de nuestro sistema, y parece que nos sentimos muy bien al quitarnos esta carga terrible de ira. La verdadera razón por la cual una expresión de ira hace que nos sintamos tan bien no tiene nada que ver con sacar la ira. En vez de esto, lo que parece que sucede es que por primera vez creemos que finalmente nos hemos librado de esta carga de culpa.

Entonces la emoción humana básica no es la ira; es la culpa. Esta es la falacia que sirve de base a todo el enfoque que le ha dado el mundo a la ira. *Un curso de milagros* tiene una sección muy hermosa llamada "Las dos emociones" (T-13.V) en la que dice que tenemos sólo dos emociones. Una nos fue dada y la otra la hicimos nosotros. La que nos fue dada es el amor, dada por Dios. Y la que hicimos como substituto del amor es el miedo. Repito, siempre podemos substituir la culpa por el miedo.

La emoción humana básica, que es la emoción básica del ego, es el miedo o la culpa. No es la ira. La ira es una proyección de la culpa y jamás es el problema. El problema real siempre es la culpa subyacente. La razón por la cual nos sentimos tan bien cuando lanzamos nuestra ira hacia alguien es que en ese instante creemos que finalmente nos hemos librado de nuestra culpa. El problema surge a la mañana siguiente o varias mañanas más tarde cuando nos despertamos y nos sentimos miserables. Entonces experimentamos el malestar psicológico conocido como depresión. No sabemos de donde viene la depresión. Le echamos la culpa a cualquier cosa. No nos damos cuenta de que la verdadera razón de nuestra depresión es que nos sentimos culpables por lo que le hicimos a esa otra persona. Cada vez que nos enfurecemos o atacamos nos sentimos culpables más tarde. La gente habla de la depresión como ira no expresada. A un nivel esto es verdad, pero por debajo de la ira, hay culpabilidad. El verdadero significado de la depresión es la culpa o el odio a sí mismo.

Ya que les he hablado de todas estas cosas terribles sobre la ira déjenme decirles que existe una circunstancia en la cual una expresión de ira puede ser positiva, y de esto se trata la pregunta. Se trata de mirar la ira desde un punto de vista terapeútico. Si se nos ha enseñado a través de nuestra vida que la ira es mala, como posiblemente nos ha pasado a todos en esta sala, entonces lo que se nos ha enseñado realmente es que a la ira hay que tenerle miedo. Creemos que si expresamos nuestra ira algo terrible le sucederá a la otra persona, o aun peor, que algo terrible nos sucederá a nosotros. Puede ser, pues, muy útil terapeúticamente como parte del proceso de liberarse totalmente de la ira y la culpa, pasar por un período en que expresemos la ira y experimentemos que no es gran cosa. Podemos ponernos furiosos con la gente y nadie caerá muerto a nuestros pies. Podemos ponernos furiosos con alguien y Dios no nos castigará matándonos por la cosa terrible que hemos hecho. En realidad nada terrible sucederá. No es gran cosa. En ese punto podemos mirar la ira más objetivamente y reconocer que el problema no es la ira como tal. El problema real es la ira que estamos dirigiendo hacia nosotros mismos por nuestra culpa.

El peligro está en que no veamos esto como un paso temporal. Gracias a las recientes enseñanzas de la psicología, vamos a ver esto como un fin. Lo que sucede entonces es que se le va a rendir culto a la ira como a un ídolo, porque nos hace sentir bien regañar y ponerse furioso con otra persona. La psicología nunca nos enseñará (puesto que la psicología es realmente un sistema muy secular) que el problema verdadero es la culpa, y que la culpa es una defensa contra Dios. Entonces lo que pasa es que la expresión de la ira se convierte en la meta y nos sentimos tan bien que no queremos soltarla. Sin embargo, nuestra meta debe ser ponernos en contacto con nuestra culpa subyacente y manejarla. Necesitamos expresar nuestra ira sólo como una fase que nos lleve a trascenderla plenamente. Así que si pasamos por un período en que sentimos la necesidad de ponernos violentos, debemos verlo como una etapa temporal y tratar de no ver la ira como la gran cosa. Entonces podemos llegar al problema verdadero que es la culpa. Cuando realmente manejemos la culpa y la soltemos no necesitaremos volver a ponernos furiosos.

P: Un punto que he captado al escuchar a Krishnamurti es que él sugiere la posibilidad de que el cambio pueda ser inmediato.

R: *Un curso de milagros* dice la misma cosa. Dice que todo esto puede terminar en un instante. Pero luego hay otros lugares donde dice que esto tomará mucho tiempo y que debes ser paciente. Al principio del texto hay una línea que estoy seguro ha molestado a mucha, mucha gente. La misma habla sobre el Juicio Final, el cual es realmente el deshacer el ego colectivo o el completar la Expiación. Dice que "Del mismo modo que la separación abarcó un período de millones de años, así el Juicio Final se extenderá por un período igualmente largo, o tal vez aún más largo" (T-2.VIII.2:5).

Sin embargo, dice justo después de eso que el tiempo puede acortarse considerablemente con los milagros. Pero muy posiblemente no va a suceder de la noche a la mañana. Si piensas sobre cómo está constituido nuestro mundo, existe una tremenda cantidad de miedo que sustenta y motiva cada sencillo aspecto del mismo. Cada institución, cada sistema de pensamiento dentro de este mundo está motivado por el miedo y la culpa. Simplemente no puedes cambiar eso justo ahora. Creo que el plan de la Expiación, y la parte del Curso en él, es cambiar los pensamientos individuales más rápidamente de lo que sucedería de otro modo. Esto es el "apuro celestial", pero el mismo está ocurriendo dentro del marco de un período de tiempo considerable.

El significado de los milagros

Debo decir algo acerca de los milagros, puesto que ese es el nombre del libro. Esa es otra de las palabras que se utilizan de manera diferente. El Curso utiliza la palabra "milagro" simplemente para significar corrección, el suprimir una percepción falsa. Es un cambio de percepción, es perdón, es el medio para la sanación. Todas esas palabras son básicamente lo mismo. No tiene que ver con nada externo. Un llamado milagro en términos de algo externo, como caminar sobre el agua o una sanación externa, es sólo un reflejo del milagro interno. Un milagro es un cambio interno. Una de las líneas más hermosas en el Curso que te dice exactamente lo que es un milagro, como lo define el Curso, es: "El más santo de todos los lugares de la tierra es aquel donde un viejo odio se ha convertido en un amor presente" (T-26.IX.6:1). Eso es un milagro. Cuando repentinamente cambias de una percepción de odio hacia alguien a mirarlo con amor, eso es un milagro. Es un cambio en la percepción; es una corrección de la forma cómo el ego mira a cómo mira el Espíritu Santo.

Es por esto que éste es un curso de milagros; nos dice cómo hacer esto. Habla acerca de cómo cambiar nuestro pensamiento: no cambiamos al mundo, cambiamos nuestro pensamiento acerca del mundo. No buscamos cambiar a otra persona; cambiamos la forma cómo miramos a esa persona. Entonces, el Espíritu Santo trabajará a través de nosotros para hacer lo que El piense que es mejor. Es un cambio en la mente con el cambio de la percepción. Eso es lo que es un milagro, y esa es la meta del Curso.

Permítanme ahora hablar un poquito acerca del papel de Dios y del Espíritu Santo en esto. Una de las cualidades importantes de *Un curso de milagros* es que es un libro religioso. No es simplemente un libro de auto-ayuda, o un sólido sistema psicológico, que desde luego también lo es. Además es un libro profundamente religioso. Sus aspectos religiosos están centrados en dos puntos de vista. El primero es que sin Dios no nos queda más que el ego. A menos que sepamos que hay un Dios que nos creó, cuyos Hijos somos nosotros, no podremos deshacernos de cualquier imagen o percepción que tengamos sobre nosotros mismos, la cual siempre será algún vástago del ego. El verdadero perdón es imposible a menos que primero se nutra con la creencia de que somos invulnerables. En otras palabras, no podemos ser heridos por nadie o nada en el mundo; tal creencia es imposible a menos que sepamos que hay un Dios que nos creó y que nos ama. Así que ésta es la base de todo el sistema de pensamiento que nos está ofreciendo el Espíritu Santo, tal como lo expresa el Curso.

La segunda parte de la importancia de Dios en todo esto es un poco más práctica. El verdadero perdón es imposible sin el Espíritu Santo. Esto es cierto desde dos puntos de vista. Primero es que no somos nosotros quienes perdonamos; no somos quienes deshacemos la culpa. Estrictamente hablando, cuando *Un curso de milagros* habla de perdón está realmente hablando de la decisión que tomamos de permitir que el perdón del Espíritu Santo ocurra a través de nosotros. En y por nosotros mismos nunca podemos perdonar porque en y por nosotros mismos, al menos en este mundo, somos el ego. No podemos cambiar un sistema de pensamiento desde el mismo sistema de pensamiento. Necesitamos ayuda de fuera de ese sistema de pensamiento; ayuda que entre en el sistema de pensamiento y luego lo transforme. Esa ayuda de fuera del sistema de pensamiento del ego es el Espíritu Santo. Así que El es Quien perdona a través de nosotros.

Lo segundo es aun más importante y contestará un número de preguntas que se ha hecho la gente. Este proceso del perdón es la cosa más difícil en el mundo por lo que casi nadie lo hace y por lo que todo el concepto de perdón que dio Jesús fue tan amargamente mal comprendido. La razón es que cuando verdaderamente perdonamos, tal como lo expone el Curso, estamos realmente soltando nuestra propia culpa. Nadie que se identifique con el ego quiere hacer esto. Sin la ayuda de Dios no hay forma cómo podamos superar algunos de los problemas de culpa más profundos que enfrentamos.

Si piensas en el tiempo como un continuo, una alfombra sería una imágen muy útil para describir este proceso. Cuando ocurrió la separación, esta alfombra del tiempo se desenrolló y desde entonces hemos estado caminando sobre ella alejándonos de Dios. Mientras más nos alejamos de Dios, más profundamente nos envolvemos con el mundo y los problemas de culpa y pecado. En algún punto, cuando le pedimos al Espíritu Santo que nos ayude empezamos a invertir este proceso y empezamos a caminar hacia Dios. Varias de las secciones más interesantes del Curso hablan acerca del tiempo. Estas son bastante difíciles de comprender porque todavía estamos atascados en él. En un punto dice que el tiempo parece que va hacia adelante pero realmente está yendo hacia atrás al punto donde comenzó el tiempo (T-2.II.6;

M-2.3; 4:1-2). Aquí es cuando ocurrió la separación. Todo el propósito de la Expiación es el plan del Espíritu Santo de deshacer el ego. Este plan está enrollado en esa alfombra del tiempo. El ego quiere que la desenrollemos más y más, mientras que el Espíritu Santo quiere que la enrollemos hacia el principio.

La alfombra del tiempo

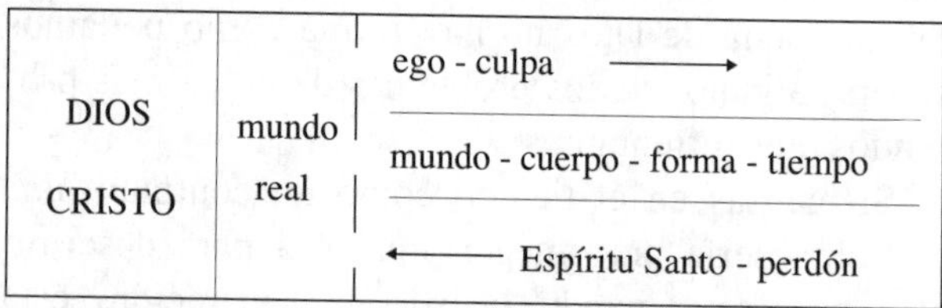

A medida que la enrollamos, que es lo que hacen el perdón y el milagro, nos acercamos a la base misma del sistema del ego. El puro comienzo de la alfombra es el nacimiento del ego, que es el hogar del pecado y la culpa. Esta es la parte más profunda del sistema del ego. Si piensan en la imágen del témpano de hielo que mencioné antes, el puro fondo del témpano es el núcleo de la culpa que todos sentimos.

A medida que nos acercamos a la culpa y al miedo, de los cuales hemos estado escapando toda una vida (si no muchas vidas), nos vamos aterrorizando. Esta culpa es la cosa más devastadora y aterradora en el mundo. Es por esto que el proceso es lento y por qué debemos ser pacientes mientras lo practicamos. Si vamos demasiado rápido no estaremos preparados para la avalancha de culpa que nos caerá encima. Si miramos los dos últimos párrafos del primer capítulo del texto (T-1.VII.4-5), leemos sobre la necesidad de ir muy lenta y cuidadosamente a través del material, incluyendo los primeros cuatro capítulos. Si no lo hacemos, no estaremos preparados para lo que vendrá más tarde, y le cogeremos miedo. Aquí es donde la gente tira el libro.

Tenemos que trabajar lentamente con este material en nosotros mismos, por no mencionar el Curso mismo, porque de lo contrario nuestro miedo aumentará a un grado mayor del que podemos manejar. Así que cuando nos acercamos a la base del sistema del ego nos irá dando más miedo de la culpa que está enterrada allí. A menos que sepamos que hay Alguien caminando con nosotros, llevándonos de la mano, que no es nosotros mismos y que nos ama, no podremos dar ese paso.

Un curso en milagros enseña que la meta de este proceso de deshacer nuestra culpa no es despertar totalmente del sueño sino vivir en el "mundo real" o el "sueño feliz". Así, a medida que nuevamente se enrolla la alfombra, alcanzamos eventualmente un estado mental donde no hay culpa alguna que proyectar, y por lo tanto nos mantenemos en paz todo el tiempo, no importa lo que esté sucediendo en el mundo externo. El "mundo real" es este estado mental, y es un concepto que refleja la gentileza del camino del Curso. El texto lo dice, "Dios quiso que él despertara suave y felizmente, y le dio los medios para despertar sin temor" (T-27.VII.13:5).

Una de las cosas que me preguntan frecuentemente es cómo yo hablo sobre el perdón a personas que no creen en Dios. Tuve ocasión justo en esta semana de dirigirme a personas mayores en un hogar para ancianos donde mi madre presta trabajo voluntario. Esta es una organización judía, pero la mayoría de la gente allí no es realmente religiosa como diríamos nosotros. Hablé sobre el perdón, que es de lo que siempre hablo. Fue un reto interesante. Traté de no mencionar demasiado a Dios, puesto que hubiera alejado aun más a la gente. Pero es muy difícil hablar sobre el perdón sin traer a Dios al tema, porque sin Dios no se puede lograr el verdadero perdón.

Las etapas tempranas del proceso del perdón pueden ser logradas por todos, porque siempre se nos puede enseñar a ver la gente en forma distinta. Pero a medida que penetramos en algunos de los problemas realmente difíciles en nuestra vida, que en esencia son problemas de perdón, tenemos que saber que hay Alguien con nosotros que nos ama. Pero esa Persona no es nosotros mismos. Esa Persona es el Espíritu Santo, o Jesús, o cual fuere el nombre que escojamos darle. Sin Su ayuda tendríamos demasiado miedo para seguir adelante el resto del camino; estaríamos dispuestos a ir hasta cierto punto solamente. Así que el Espíritu Santo no es sólo nuestro Guía y nuestro Maestro, sino también nuestro Consolador. Justo al final del libro de ejercicios para estudiantes Jesús dice: "y de esto puedes estar seguro: yo nunca te dejaré desamparado" (L-pII.ep.6:8). A menos que sepamos que El es sincero al pronunciar esas palabras literalmente, que hay Alguien en nosotros, que no es de nosotros, quien nos amará y consolará, jamás podremos trascender la base del sistema del ego cuando tengamos que manejar nuestra propia culpa. Repito, esto siempre se hace en el contexto de perdonar a otra persona. Ni a Jesús ni al Espíritu Santo le importa que nombre escojamos para Ellos. Pero sí Les importa que reconozcamos que hay Alguien con nosotros de parte de Dios, Quien nos toma de la mano y nos guía. Sin ese sentimiento de consuelo y seguridad nunca podríamos trascender el ego. Vuelvo a repetir, es por esto que cuando parece que las cosas se están poniendo peor, es cuando realmente podrían estar mejorando.

Hay dos secciones en el capítulo 9, en el texto, que son muy utiles: "Las dos evaluaciones" (T-9.VII) y "Grandeza versus grandiosidad" (T-9.VIII). Estos son dos planteamientos muy claros de cómo el ego nos atacará y se pondrá vicioso justo cuando seguimos al

Espíritu Santo. Recuerden que para el ego los no culpables son culpables. Cuando traicionamos al ego y empezamos a escoger la no culpabilidad en vez de la culpa, el ego nos lo dejará saber con espadas. Es por esto que el Curso dice que las emociones del ego varían desde la suspicacia hasta la perversidad (T-9.VII.4:7). Cuando realmente empezamos a tomar al Espíritu Santo en serio el ego se torna absolutamente vicioso. Aquí es cuando las cosas parece que se ponen difíciles.

Estoy hablando sobre esto como un principio abstracto pero a medida que lo experimentamos no se hace abstracto. Puede ser la cosa más devastadora, poderosa y dolorosa que jamás experimentemos. Repito, no podremos superarlo a menos que sepamos que hay Alguien con nosotros que nos habla de la verdad y el amor y que nos ve en forma distinta. Simplemente botaremos el libro, nos esconderemos bajo la cama y no saldremos de allí. O correremos en dirección contraria. Es por esto que el proceso tiene que hacerse despacio y porqué somos guiados cuidadosamente. El plan de la Expiación ha sido esmeradamente elaborado para cada uno de nosotros, lo que explica los tiempos variables que nos toma completarlo. *Un curso de milagros* explica que el currículo de la Expiación es individualizado (M-29.2:6), lo que quiere decir que el Espíritu Santo corrige todas las formas específicas en las que nosotros como individuos hemos manifestado nuestro error compartido de la separación. No somos nosotros quienes hacemos este plan de estudios. Ni siquiera comprendemos lo que es el plan en verdad. Definitivamente no lo ejecutamos por nosotros mismos. Por lo tanto, es importante que no nos confundamos con Dios, porque si lo hacemos no habrá a quien recurrir cuando el trayecto se ponga duro.

Aunque es verdad que el Curso dice que el Espíritu Santo siempre "enviará" gente para ayudarnos, el propósito último de estas personas es guiarnos para que sepamos que la Persona que más nos puede ayudar está dentro. Gracias a Dios que hay personas que pueden tomar nuestra mano y darnos sostén; sin embargo, la Fuente fundamental de consuelo siempre emanará de adentro, pues es allí donde Dios ha puesto la Respuesta. Debo hacer énfasis nuevamente en que este es un proceso lento. Si vamos demasiado rápido el miedo se tornará abrumador antes de que hayamos desarrollado suficiente confianza en nosotros o en Dios. La confianza en nosotros está realmente en saber que el Espíritu Santo está allí para prestarnos su apoyo. A medida que progresamos y practicamos todas nuestras lecciones diarias empezamos a reconocer que todos los milagros y cambios que están ocurriendo no los hacemos nosotros. Ocurren *a través* de nosotros, pero no los hacemos nosotros. Hay Alguien que nos está ayudando a lograrlo.

Una de las cosas que *Un curso de milagros* hace bien clara es la importancia de desarrollar una relación personal con Jesús o con el Espíritu Santo. Desde el punto de vista funcional no importa a quien escojas. Ambos operan como nuestros Maestros internos, y el Curso Los usa a ambos alternadamente. Cuando el Curso hace énfasis en la necesidad de esta relación personal con nuestro Maestro interno no habla del Espíritu Santo como un Ser abstracto. Habla de El como una Persona y utiliza el pronombre "El". También con frecuencia habla de El como una expresión del Amor de Dios por nosotros. Esto también es verdad cuando Jesús habla sobre su propio papel. Por lo tanto, el Curso quiere que desarrollemos el sentido de que hay Alguien dentro de nosotros, no una fuerza abstracta, sino una persona real que nos ama y que nos ayudará. Si no tenemos este sentimiento de seguridad nos detendremos de pronto en la búsqueda de nuestra meta porque el miedo será demasiado abrumador. Si no tienes aún esta experiencia personal del Espíritu Santo no te aterrorices. Sólo ten paciencia y El aparecerá de por Sí. Es suficiente saber que hay Alguien ayudándote, ya sea que lo sientas o que simplemente lo sepas intelectualmente. El Se te presentará en la forma que mejor puedas aceptarlo. La forma no es importante. Lo que importa, sin embargo, es el conocimiento de que hay Alguien contigo que no es de ti. El está en ti pero no es de ti, viene de una parte tuya que no es tu ser egóico.

P: Tenemos libertad de elegir. ¿No podríamos escoger el acelerar el tiempo si nos sentimos listos?

R: Sí, absolutamente. Esto es lo que hace el milagro.

P: Esto es en términos de una vida, así que ¿por qué debemos pensar en términos de millones de años?

R: Los millones de años se refieren a toda la Filiación. El Juicio Final sería el fin del universo material tal como lo conocemos. Sin embargo, un individuo puede acortar el tiempo considerablemente.

Así que repito, si vamos bien y algo empieza a martillarnos en la cabeza, probablemente sea una buena señal. Indica que el ego se ha asustado. Entonces el ego tratará de hacernos dudar de la Voz que hemos estado escuchando. Tratará de hacernos dudar del Curso y tratará de hacernos dudar de todo lo que hemos estado aprendiendo y que ha estado funcionando. Por lo tanto, debemos esperarlo pero no tratar de forzarlo. Pero cuando ocurra el ataque del ego sabremos lo que es y resulta muy útil poder reconocer al ego por lo que es. Repito, el ataque del ego viene justo cuando pensamos que nos estamos librando de él, así que recuerden esto cuando las cosas se pongan duras. Esto no quiere decir, en modo alguno, que todo sea una farsa. Significa que nos hemos asustado, lo que quiere decir que nuestro ego se ha asustado. En ese momento debemos hacernos a un lado, tomar la mano de Jesús, y pedir su ayuda para mirar nuestro miedo. El hecho mismo de estar tomando su mano nos demuestra que no somos nuestro ego. Entonces podemos mirar el ataque del ego y darnos cuenta de que esto no es lo que parece.

Hay una sección importante llamada "Por encima del campo de batalla" (T-23.IV) en la que Jesús nos pide que nos elevemos por encima de nosotros mismos, por encima del campo de batalla, y miremos lo que está sucediendo. Desde esa perspectiva veremos las cosas en forma distinta. Pero si permanecemos en el medio, todo lo que veremos será una gran cantidad de dolor, muerte y culpa. Si podemos elevar nuestro punto de vista para mirar el campo de batalla del ego entonces lo veremos en forma distinta. Veremos que es sólo nuestro ego saltando para arriba y para abajo, y veremos que esto realmente no tiene importancia. Este proceso toma tiempo. No debemos esperar que suceda de la noche a la mañana. Pero cuando suceda al menos reconoceremos que se trata sólo de nuestro ego causándonos dificultades. Esta no es la realidad. La realidad es que hay un Dios que nos ama y Quien ha enviado a Alguien para que Lo Represente, ya sea

Jesús o el Espíritu Santo, quien nos lleva de la mano en los tiempos difíciles.

P: ¿Puede ser esto lo que sucede cuando medito? ¿Es eso lo que sucede cuando atravieso etapas en las que simplemente no puedo enfrentarme a mí mismo durante la meditación y hay mucha charla? ¿Es acaso el ego luchando?

R: Sí. Lo que debes hacer es reconocer esto y no tomarlo demasiado en serio. No luches contra ello. Cuando luchas contra ello estás haciendo el problema real. Así que lo que tienes que hacer es hacerte a un lado, mirarlo y reirte. Hay varios lugares en el Curso donde nos dice que debemos reirnos del ego. En un lugar dice que este sueño que creemos que es el mundo es un sueño que empezó cuando el Hijo de Dios se olvidó de reir (T-27.VIII.6:2-3). Si podemos reirnos del mundo y del ego éste desaparecerá como problema. Lo peor que podemos hacer es luchar contra el problema puesto que lo hace real. Sin embargo, ciertamente esta risa no es burlona, ni tampoco debe pensarse que la misma fomenta la indiferencia hacia las expresiones específicas de la gente debido al problema básico de la separación.

Capítulo 5

JESUS: EL PROPOSITO DE SU VIDA

La razón por la cual considero importante hablar ahora sobre Jesús es porque todo el mundo parece tener problemas con él, debido a algunas de las razones que les mencioné antes. Al crecer en el mundo, ya sea como cristiano o como judío, la noción que la persona tendrá sobre Jesús va a ser deformada. En *Un curso de milagros* el quiere aclarar eso. El quiere que la gente lo vea como un hermano amoroso en vez de verlo como un hermano juzgador, de muerte, de culpa y de sufrimiento, o como un hermano que no existe. Es por esto que el Curso llegó en la forma cómo llegó y por qué Jesús hace tal énfasis en que él es el autor del mismo. Permítanme hablar primero de cómo Jesús se describe a sí mismo y describe el propósito de su vida.

Uno de los conceptos más importantes en *Un curso de milagros* es el de causa y efecto. Es una forma muy útil de mirar toda la idea del perdón, especialmente mirar la misión de Jesús y cómo él la cumplió. La naturaleza misma de causa y efecto es que no podemos tener la una sin el otro. Lo que hace que algo sea una causa es que ésta lleva a un efecto y lo que hace que algo sea un efecto es que éste viene de una causa.

Una de mis líneas favoritas en el Curso parece casi incomprensible. Esta dice: "Lo que hace que una causa sea causa son sus efectos" (T-28.II.1:2). Esta es una forma poética de decir que una causa se hace causa por su efecto. Así que lo que hace que algo sea una causa es que ésta tiene un efecto. Igualmente, lo que hace que algo sea un efecto es que éste tiene una causa. Este es un principio fundamental tanto en este mundo como en el Cielo. Dios es la primera Causa y el Efecto es Su Hijo. Así pues, Dios es la Causa que estableció que Su Hijo es el Efecto. Y como un Efecto de Dios, nosotros, por tanto, establecemos que Dios es el Creador o Padre.

El principio también funciona en este mundo, de modo que cada acción tendrá una reacción. Esto también quiere decir que si algo no es causa no puede existir en este mundo. Todo en este mundo debe tener un efecto; de lo contrario no existiría. Cada acción debe tener una reacción: ese es el principio fundamental de la física. Si algo existe tendrá un efecto en alguna otra cosa. Por lo tanto, todo lo que existe en este mundo es una causa y tendrá un efecto, y es este efecto lo que establece la causa. ¿Bien? Captar este principio es muy importante porque entonces lo podemos utilizar como fórmula abstracta y sacarle provecho.

Recuerden la narración bíblica sobre el pecado original. Cuando Dios alcanzó a Adán y Eva y los castigó, puso el castigo dentro de una frase causal. Dijo: "Debido a lo que han hecho, esto es lo que sucederá. Puesto que han pecado el efecto de su pecado será una vida de sufrimiento." Por lo tanto el pecado es la causa de todo el sufrimiento de este mundo. El pecado de la separación, el cual produjo el nacimiento del ego, hace que surja como efecto: una vida de sufrimiento, de dolor y eventualmente de muerte.

Todo lo que conocemos en este mundo es el efecto de nuestra creencia en el pecado. Por lo tanto, el pecado es la causa, de la cual el dolor, el sufrimiento y la muerte son el efecto. San Pablo lo expuso brillantemente cuando dijo, "Pues el salario del pecado *es* la muerte." (El Curso también refiere a esto [T-19.II.3:6].) El estaba diciendo exactamente la misma cosa. El pecado es la causa de la cual la muerte es el efecto. No existe testigo más poderoso de la realidad del mundo separado que la muerte. Este es un tema prominente del Curso.

Así que entonces la muerte se convierte en la prueba final de que el pecado es real. La muerte es el efecto del pecado, que es la causa. Si tratamos ahora de seguir el pensamiento del Espíritu Santo y queremos probar que este mundo no es real y que el pecado de la separación nunca ocurrió, todo lo que se necesita es probar que el pecado no tiene efecto. Si podemos probar que la causa no tiene efecto entonces la causa ya no puede existir más. Si algo no es una causa no es real, porque todo lo que es real debe ser una causa y así tener un efecto. Si quitamos el efecto también estamos eliminando la causa.

Ahora, si el mayor efecto del pecado en este mundo es la muerte, al demostrar que la muerte es una ilusión se demuestra simultáneamente que no hay pecado. Esto también afirma que la separación nunca ocurrió. Por lo tanto, necesitamos a alguien que nos demuestre que la muerte no existe. Al deshacer la muerte esa persona también deshacerá el pecado y simultáneamente nos demostrará que no existe la separación; la separación nunca ocurrió y la única realidad, la única Causa verdadera es Dios. Esa persona fue Jesús. Su misión fue demostrarnos que la muerte no existe.

El principio de causa y efecto está resumido en la siguiente tabla:

	CAUSA	⟷	EFECTO
Cielo	Dios (Padre)	⟷	Cristo (Hijo)
mundo	pecado	⟷	sufrimiento enfermedad muerte

Los evangelios hablan de Jesús como el cordero de Dios que quita los pecados del mundo (véase, por ejemplo, Jn 1:29). La forma cómo el quitó los pecados del mundo fue demostrándonos que éstos no tenían efecto. Al superar la muerte el quitó todos los pecados. Sin embargo, ésta no es la forma cómo las iglesias lo han entendido, o cómo lo han enseñado. Así que una de las razones importantes por las cuales el Curso ha venido en esta época, en esta forma, es para corregir este error. Lo que Jesús hizo fue vivir en este mundo—el mundo del sufrimiento, el pecado y la muerte—y demostrarnos que éste no tenía efecto en él.

Toda la base de *Un curso de milagros* descansa en la comprensión de que la resurrección de Jesús realmente ocurrió. Estrictamente hablando, la resurrección es sólo el despertar del sueño de la muerte. Así que sólo le concierne a la mente y no al cuerpo. Pero siguiendo el lenguaje tradicional cristiano, el Curso frecuentemente utiliza el término "resurrección" de modo que corresponda al significado tradicional. Jesús dijo: "No enseñes que mi muerte fue en vano. Más bien enseña que no morí, al demostrar que vivo en ti" (T-11.VI.7:3-4). El lo dice muchas veces en formas distintas. Lo que es crucial que entendamos es que no hay muerte porque si la muerte es real entonces cualquier otra forma de sufrimiento es real, y Dios está muerto. Además, si el pecado es real, significa que una parte de Dios se ha separado a sí misma de Dios, lo cual quiere decir que no puede haber un Dios. Dios y Su Hijo no pueden estar separados.

Así que Jesús se enfrentó al testimonio más preciso de la realidad de este mundo y demostró que no tenía ningún poder sobre él. Este fue el significado de su vida, su misión y su función. Vencer a la muerte es demostrar que la muerte no es real, que su causa aparente tampoco es real, y que por lo tanto nosotros, verdaderamente, nunca nos separamos de nuestro Padre. Esto es deshacer la separación. El Curso habla del Espíritu Santo como el principio de la Expiación. Cuando aparentemente sucedió la separación Dios colocó al Espíritu Santo en nosotros, lo cual deshizo la separación. Ese es el principio, pero éste tuvo que manifestarse en este mundo; y Jesús fué quien manifestó el principio de la Expiación a través de su propia vida, muerte y resurrección.

Repito, para beneficiarnos de *Un curso de milagros* no es necesario creer en Jesús como nuestro salvador personal, Señor, o cualesquiera que sean las palabras que escojamos. Pero en algún nivel tenemos que aceptar el hecho de que la resurrección es algo que pudo haber ocurrido, aun cuando no creamos en Jesús. Finalmente, no podemos aceptar el Curso a menos que aceptemos también el hecho de que la muerte es una ilusión. No tenemos que hacer esto inmediatamente, y no tenemos que integrar esto totalmente a nuestra vida, puesto que en el momento en que lo integremos totalmente ya no estaremos aquí. Esta es la meta. Pero como idea intelectual tenemos que reconocerla como parte esencial de todo el sistema.

P: ¿Cuando usted dice que no estaremos más aquí, quiere decir que moriremos?

R: Bueno, realmente quiere decir que no *necesitamos* estar aquí para nuestra propia Expiación; eventualmente habremos cumplido con el propósito para el cual estamos aquí. Cuando el propósito se ha cumplido entonces dejaremos nuestro cuerpo y estaremos de regreso en nuestro Hogar. Ese es un hermoso pensamiento, no es un mal pensamiento, como generalmente lo vemos.

Este principio de causa y efecto también opera en términos del perdón, y Jesús ofrece algunas de las mejores demostraciones al respecto. Piensen nuevamente en el ejemplo de que estoy aquí sentado cuando alguien entra y me ataca. Si no estoy en mi mente correcta veré a esa persona como la causa de mi sufrimiento. Entonces mi sufrimiento será el efecto del pecado de esa persona. Mi reacción a ser herido reforzará el hecho de que esta persona ha pecado. Si estoy en mi mente correcta pondré la otra mejilla, que quiere decir en este sentido, que le demostraré a esa persona que su pecado contra mí no tuvo efecto puesto que no me ha herido. Al cancelar el efecto también estoy cancelando la causa. Este es el verdadero perdón.

Jesús nos dio este ejemplo, no sólo por medio de su resurrección sino en varios actos al final de su vida. Esto se encuentra en una sección muy poderosa en el texto llamada "El mensaje de la crucifixión" (T-6.I). La gente estaba atacándolo, humillándolo, mofándose e insultándole y finalmente lo mataron. Al pecar contra él lo estaban haciendo sufrir sólo en apariencia. El hecho de que el no devolvió el ataque sino que continuó amándolos y perdonándolos fue su forma de decirles que su pecado contra él no tenía efecto; por lo tanto, ellos no habían pecado. Simplemente se habían equivocado. Simplemente habían pedido ayuda. Así es cómo Jesús perdonó nuestros pecados, no sólo durante su vida sino ciertamente en su resurrección también. Su resurrección claramente demostró que el pecado del mundo de asesinato contra él, no tuvo efecto. El está aún con nosotros; por lo tanto ellos no pudieron haberlo asesinado, lo que quiere decir que no pecaron. Sólo habían mirado su "pecado" erradamente. Ese es el plan de perdón del Espíritu Santo que el Curso describe. Tú deshaces la causa al demostrar que no tuvo efecto.

La cosa más difícil en todo el mundo es enfrentarse al ataque con perdón. Pero esa es la única cosa que Dios nos pide. También es la única cosa que Jesús nos pide. Lo más hermoso es que no sólo nos dio ese ejemplo perfecto de cómo se debe hacer esto, sino que también ha permanecido dentro de nosotros para ayudarnos a que lo hagamos. Nadie podría enfrentarse a los ataques del mundo sin saber que hay Alguien dentro de nosotros que está protegiéndonos, amándonos y consolándonos, pidiéndonos que compartamos su amor con la persona que nos está atacando. No podemos hacer esto sin su ayuda. Esa es la súplica que Jesús hace una vez tras otra en el Curso—que aceptemos Su ayuda para perdonar.

P: ¿Entonces eso quiere decir que cuando verdaderamente perdonamos a otro, después de haber sido atacados, no es el ego quien perdona sino que ahora somos la manifestación del Espíritu Santo y El es Quien perdona?

R: Sí. Cuando Jesús dice en el Curso que él es la manifestación del Espíritu Santo, quiere decir que no tiene ninguna otra voz. Al Espíritu Santo se le describe como la Voz que habla por Dios. Dios no tiene dos voces. Jesús ya no tiene un ego, así que la otra y única Voz de que dispone es la del Espíritu Santo y El es la manifestación de Ella. En la medida en que

a Jesús." Cuando la gente nos escuche que no sea a nosotros sino sólo sus palabras.

No es necesario identificarnos personalmente con Jesús como un personaje histórico, alguien que fue crucificado y "se levantó de entre los muertos". Aun ni siquiera es necesario identificarnos con él como el autor del Curso o como nuestro maestro. Sin embargo, es necesario perdonarlo. Si no lo hacemos, estamos aferrándonos a algo contra él que en verdad retenemos contra nosotros mismos. El no pide que lo tomemos como nuestro maestro personal. El sólo pide que lo miremos en forma diferente y no lo hagamos responsable de lo que otras personas han hecho de él. En un punto en el Curso el Espíritu Santo dice: "Se han hecho ídolos amargos de él que sólo quiere ser un hermano para el mundo" (C-5.5:7). Como dijo Freud: "No soy freudiano", Jesús podría decir, "No soy cristiano." Nietzsche dijo que el último cristiano murió en la cruz, lo cual desafortunadamente puede ser verdad.

Entonces, en resúmen, podemos recordar las palabras de Jesús en *Un curso de milagros*, que lo tomemos a él como modelo de aprendizaje (T-5.II.9:6-7; 12:1-3; T-6.in.2:1; T-6.I.7:2; 8:6-7). Sin duda esto no quiere decir que tenemos que ser crucificados como él lo fue, sino más bien que nos identifiquemos con el significado de su muerte; especialmente debemos recordar el ejemplo de Jesús y pedir su ayuda cuando nos vemos tentados a sentir que se nos trata injustamente, que somos víctimas inocentes de lo que el mundo nos ha hecho. Sin duda alguna, a los ojos del mundo, él fue una víctima inocente, pero él no compartió ese punto de vista. Por lo tanto, él nos pide (por lo general en condiciones mucho menos extremas de las de su vida), que recordemos que sólo podemos ser víctimas de nuestros pensamientos, y que la paz y el amor de Dios que son nuestra verdadera Identidad no pueden ser afectados por lo que otros hacen o, aun más, parece que nos hicieran. Ese recuerdo es la base del perdón, y el aprenderlo es la finalidad de *Un curso de milagros*.

APENDICE

Glosario

Este pequeño Glosario se presenta para facilitarle al lector la comprensión de vocablos específicos con usos exclusivos en *Un curso de milagros*. Las explicaciones se han tomado del *Indice-Glosario para* UN CURSO DE MILAGROS de Kenneth Wapnick.

---

abundancia - Principio del Cielo que contrasta con la creencia del ego en la escasez; el Hijo de Dios jamás puede carecer de nada o estar en necesidad, puesto que los regalos de Dios, otorgados eternamente en la creación, están siempre con él.

amor - *Conocimiento*: la expresión de la relación de Dios con Su creación, que es incambiable y eterna; está más allá de toda definición y enseñanza, y sólo puede ser vivida o conocida.
Percepción: el amor se expresa a través del perdón: es la emoción que nos dio Dios, en contraste con la emoción de miedo del ego —y se manifiesta en cualquier expresión de unión con otro.

ataque - Intento de justificar la proyección de culpa hacia otros para demostrar su maldad y su culpa, con el fin de podernos sentir libres de ella; puesto que el ataque es siempre una proyección de la responsabilidad de la separación, nunca se justifica; también se utiliza para indicar el pecado de la separación contra Dios, por lo cual creemos que Dios nos atacará.

causa/efecto - Causa y efecto dependen mutuamente el uno del otro, puesto que la existencia de uno determina la existencia del otro; además, si algo no es una causa no puede existir, porque todo ser tiene efectos.
Conocimiento: Dios es la única **Causa**, y su Hijo es Su **Efecto**.
Percepción: El pecado de la separación es la **causa** del sueño de sufrimiento y muerte, el cual es el **efecto** del pecado; el perdón deshace el pecado al demostrar a otros que sus "pecados" contra nosotros no han tenido efecto alguno; al no tener efecto, el pecado no puede ser una causa y por lo tanto no puede existir.

Cielo - El mundo del conocimiento, donde mora Dios y Su creación en unidad con Su Voluntad y espíritu; aunque excluyente del mundo de la percepción, el Cielo puede reflejarse aquí en la relación santa y el mundo real.

conocimiento - Cielo, o mundo de Dios de la pre-separación y Su creación unificada, en el cual no hay diferencias o formas, y así es excluyente del mundo de la percepción; no se debe confundir con el uso más común de "conocimiento", que implica un sujeto que "conoce" y un objeto que es "conocido"; aquí refleja la experiencia pura sin la dicotomía sujeto-objeto.

creación - Extensión del ser o espíritu de Dios, la Causa, que resultó en Su Hijo, el Efecto; se describe como la Primera Venida de Cristo; crear es la función del Hijo en el Cielo, tal como Dios Lo creó.

(Nota - La creación sólo existe en el nivel del conocimiento, y no es equivalente a la creación o creatividad como se conocen en el mundo de la percepción.)

Cristo - La Segunda Persona de la Trinidad; el Unigénito de Dios o la totalidad de la Filiación; el Ser que Dios creó por extensión de Su Espíritu; aun cuando Cristo crea como Su Padre, El no es el Padre puesto que Dios creó a Cristo, pero Cristo no creó a Dios.
(Nota - Cristo no debe equipararse exclusivamente con Jesús.)

crucifixión - Un símbolo del ataque del ego a Dios y por lo tanto a Su Hijo, lo cual atestigua la "realidad" del sufrimiento, el sacrificio y la muerte que parecen manifestarse en el mundo; también se refiere a la crucifixión de Jesús, ejemplo extremo que enseñó que nuestra verdadera identidad de amor jamás se puede destruir porque la muerte no tiene poder sobre la vida.

cuerpo - NIVEL I: la encarnación del ego; el pensamiento de separación proyectado por la mente en forma; el aparente testigo de la realidad de la separación; incluye tanto nuestros cuerpos físicos como personalidades.
NIVEL II: el cuerpo es inherentemente neutro, ni "bueno" ni "malo"; su propósito se lo da la mente.
Mente errada: el cuerpo es el símbolo de la culpa y el ataque.
Mente correcta: el cuerpo es el instrumento de la salvación, el medio para enseñar y aprender el perdón con el que se deshace la culpa del ego.

culpa - El sentimiento vivido en relación con el pecado; el total de todos los sentimientos y creencias negativos que tenemos sobre nosotros mismos, en su mayoría inconscientes; la culpa descansa sobre un sentido de indignidad inherente, aparentemente aun más allá del poder perdonador de Dios, Quien creemos exige castigo por nuestro pecado de separación contra El; la culpa siempre se proyectará en forma de ataque, ya sea contra otros en forma de ira o contra nuestros cuerpos en forma de enfermedad.

dar/recibir - *Mente errada*: si uno da tiene menos, lo que refuerza la creencia del ego en la escasez y sacrificio, y ejemplariza su principio de "dar para obtener"; al creer que puede dar sus regalos de culpa y miedo, la versión del ego de dar es realmente proyección.
Mente correcta: dar y recibir es lo mismo, lo cual refleja el principio de abundancia del Cielo y la ley de extensión; el espíritu nunca puede perder, puesto que cuando uno da amor, recibe amor; los regalos del espíritu son cualitativos no cuantitativos, y por consiguiente aumentan en la medida que se comparten; el mismo principio funciona en el nivel de ego, porque en la medida que damos culpa (proyección) así la recibimos.
Ver: regalos

defensas - *Mente errada*: los medios que utilizamos para "protegernos" de nuestra culpa, miedo y ataques aparentes de otros, las defensas más importantes son la negación y la proyección; por su naturaleza misma las defensas hacen lo que quieren defender, puesto que refuerzan la creencia en nuestra propia vulnerabilidad la cual sencillamente aumenta nuestro miedo y la creencia que necesitamos defensas.

Mente correcta: las defensas se reinterpretan como los medios para liberarnos del miedo; ej. la negación niega "la negación de la verdad", y proyectar nuestra culpa se convierte en el medio para perdonarla.

demonio - Una proyección del ego, que intenta negar la responsabilidad de nuestro pecado y culpa proyectándolo hacia un agente externo.

Dios - La Primera Persona en la Trinidad; el Creador, la Fuente de todo ser o vida; el Padre, Cuya Paternidad se establece por la existencia de Su Hijo, Cristo; la esencia de Dios es espíritu el cual se comparte con toda la creación, cuya unidad es el estado de Cielo.

ego - La creencia en la realidad del ser separado o falso, el cual se hizo como substituto del Ser Que Dios creó; el pensamiento de separación que hace surgir el pecado, la culpa y el miedo, y un sistema de pensamiento basado en el ataque para protegerse a sí mismo; la parte de la mente que cree estar separada de la Mente de Cristo; esta mente dividida tiene dos partes: mente errada y mente correcta; casi siempre el **ego** se utiliza para designar la "mente errada", pero puede incluir la "mente correcta", la parte del ego que puede aprender. (Nota - El **ego** no debe equipararse con el "ego" del psicoanálisis pero se puede equiparar, poco más o menos, con la psiquis entera, de la cual el "ego" psicoanalítico forma parte.)

enfermedad - Un conflicto en la mente (culpa) el cual se desplaza hacia el cuerpo; el intento del ego de defenderse contra la verdad (espíritu) enfocando la atención en el cuerpo; un cuerpo enfermo es el efecto de la mente enferma o dividida que lo causó, y representa el deseo del ego de hacer culpables a otros a través del sacrificio de sí mismo, y de la proyección de la responsabilidad del ataque sobre ellos.

espíritu - La naturaleza de nuestra verdadera realidad la cual al ser de Dios, es incambiable y eterna; se contrasta con el cuerpo, la encarnación del ego, el cual cambia y muere; la energía del espíritu se activa a través de la mente, de la cual es el equivalente aproximado.

Espíritu Santo - La Tercera Persona de la Trinidad Que es la Respuesta de Dios a la separación, y es el eslabón de comunicación entre Dios y Sus Hijos separados; El ve nuestras ilusiones (percepción), y nos guía a través de ellas hacia la verdad (conocimiento); La Voz por Dios Que habla por El y por nuestro Ser real, recordándonos la Identidad que olvidamos; también se conoce como el Consolador, Guía, Intercesor y Maestro.

Expiación - El plan de corrección del Espíritu Santo para deshacer el ego y sanar la creencia en la separación; surgió con la creación del Espíritu Santo después de la separación, y se completará cuando cada Hijo separado haya llenado su parte en el Plan por medio del perdón total.

extensión - *Conocimiento*: el proceso activo de la creación, en el cual el espíritu fluye de sí mismo.
Percepción: extender la visión del Espíritu Santo o de Cristo en la forma de perdón o de paz; el uso que le da el Espíritu Santo a la ley de la mente, en contraste con la proyección del ego.

fe - La expresión de aquello donde escogemos colocar nuestra confianza; somos libres de tener fe en el ego o en el Espíritu Santo, en la ilusión del pecado en otros o en la verdad de su santidad como Hijos de Dios.

hacer/crear - El espíritu crea, mientras que el ego hace.
Conocimiento: la creación sólo ocurre dentro del mundo del conocimiento, verdad creadora.
Percepción: el hacer sólo conduce a ilusiones; también se conoce como mal-crear.

Hijo de Dios - *Conocimiento*: la Segunda Persona en la Trinidad; el Cristo Que es nuestro verdadero Ser.
Percepción: nuestra identidad como Hijos separados, o el Hijo de Dios como ego con una mente errada y correcta; la frase "hijo del hombre" rara vez se usa para designar al Hijo como separado.

infierno - El cuadro ilusorio del ego de un mundo más allá de la muerte el cual quiere castigarnos por nuestros pecados; el infierno es, pues, la culpa del pasado proyectada al futuro.

instante santo - El intervalo de tiempo en el que escogemos el perdón en vez de la culpa, el milagro en vez del agravio, el Espíritu Santo en vez del ego; es una expresión de nuestra pequeña disposición de vivir en el presente, el cual se abre hacia la eternidad, en vez de aferrarnos al pasado, que nos mantiene en el infierno; también se utiliza para señalar el instante santo final, la culminación de todos los instantes santos que hemos escogido a lo largo del camino.

Jesús - Primera persona o "Yo" del Curso; el que primero completó su parte en la Expiación, capacitándolo para hacerse cargo de todo el Plan; al trascender su ego, Jesús ha sido identificado con Cristo y ahora puede servirnos como modelo de aprendizaje y como ayuda siempre presente cuando lo llamamos.
(Nota - No debe ser exclusivamente identificado con Cristo, la Segunda Persona de la Trinidad.)

Juicio Final - Equiparado con el final de la Expiación cuando, después de la Segunda Venida, se hace la distinción final entre la verdad y la ilusión, toda la culpa se deshace, y se nos devuelve la conciencia de nuestra Identidad como el Hijo amado de Dios.

libre albedrío - Existe sólo en el mundo ilusorio de la percepción, donde parece que el Hijo de Dios tiene el poder de separarse de Dios; puesto que en este nivel escogemos estar separados, también podemos escoger cambiar nuestra mente; esta libertad de elección—entre mente errada y mente correcta—es la única posible en este mundo.

libre albedrío—A - Un aspecto de nuestro libre albedrío: somos libres para creer qué es la realidad, pero puesto que la realidad fue creada por Dios no somos libres para cambiarla en forma alguna; nuestros pensamientos no afectan la realidad, pero afectan lo que creemos y experimentamos como realidad.

maestro de Dios - En el instante en que decidimos unirnos con otro, una decisión de unirnos a la Expiación, nos convertimos en maestros de Dios; al enseñar la lección del perdón del Espíritu Santo la aprendemos para nosotros mismos, y reconocemos que nuestro Maestro es el Espíritu Santo Quien enseña a través de nosotros por medio de nuestro ejemplo de perdón y paz; también se le conoce como "trabajador de milagros", "mensajero" y "ministro de Dios".

magia - El intento de resolver un problema donde no está, la estrategia del ego de mantener el verdadero problema—la creencia en la separación—de la Respuesta de Dios; la culpa se proyecta sobre otros fuera de nuestras mentes (ataque) o sobre nuestros cuerpos (enfermedad) y buscamos resolverla allí, en vez de permitir que el Espíritu Santo la deshaga en nuestras mentes.

mente - *Conocimiento*: el agente activado del espíritu, del cual es equivalente aproximado, y al cual le proporciona su energía creadora.

Percepción: el agente de selección; somos libres de creer que nuestra mente puede estar separada o dividida de la Mente de Dios (mente errada), o que puede regresar a Ella (mente correcta); la mente no se refiere al cerebro, el cual es un órgano físico y así un aspecto de nuestro ego o ser corporal.

mente correcta - La parte de nuestra mente separada que escucha al Espíritu Santo—La Voz del perdón y la razón—y escoge seguir su orientación en vez de la del ego, y así regresar a la Mente Una.

mente errada - La parte de nuestra mente separada que escucha la voz del pecado, la culpa, el miedo y el ataque, y escoge seguir sus dictados, aprisionándonos aun más en el mundo de la separación; casi siempre se equipara con el ego.

Mente Una - La Mente de Dios o Cristo; la extensión de Dios la cual constituye la Mente unificada de la Filiación; puesto que trasciende tanto la mente correcta como la mente errada, la Mente Una existe sólo al nivel del conocimiento.

miedo - La emoción del ego, que contrasta con el amor, la emoción que nos dio Dios; el miedo se origina en el esperado castigo por nuestros pecados, que demanda nuestra culpa; el terror que resulta de lo que creemos que nos merecemos y que nos lleva a defendernos atacando a otros, lo cual simplemente refuerza nuestro sentimiento de vulnerabilidad y de miedo, y que establece un círculo vicioso de miedo y defensa.

milagro - El cambio de la mente que modifica nuestra percepción del mundo del ego—de pecado, culpa y miedo—al del perdón del Espíritu Santo; es la expresión de unirse a otro lo que corrige y deshace el error de la separación; los milagros trascienden las leyes de este mundo para reflejar las leyes de Dios; se logran por medio del Espíritu Santo o Jesús a través de nosotros, y son los medios para sanarnos a nosotros mismos y a otros; no debe confundirse con el concepto tradicional de los milagros como cambios en los fenómenos externos.

muerte - *Mente errada*: el testigo último de la realidad aparente del cuerpo y de la separación de nuestro Creador Qué es Vida; si el cuerpo muere entonces tiene que haber vivido, lo que significa que su creador—el ego—tiene que ser real y estar igualmente vivo; la muerte se ve como el castigo extremo por nuestro pecado de separación.

Mente correcta: el abandonar tranquilamente el cuerpo después que éste haya cumplido su propósito como medio de enseñanza.

mundo - NIVEL I: el efecto de la creencia del ego en la separación, la cual es su causa; es dar forma al pensamiento de la separación; el mundo, que es la expresión de la creencia en el tiempo y el espacio, no fue creado por Dios, Que trasciende el tiempo y el espacio totalmente; a menos que se refiera específicamente al mundo del conocimiento, *mundo* se refiere sólo a la percepción, el mundo de la post-separación del ego.

NIVEL II: *mente errada*: El mundo de la separación refuerza la creencia del ego en el pecado y la culpa y

perpetúa la aparente existencia de este mundo.
Mente correcta: el mundo se convierte en un lugar donde aprendemos nuestras lecciones de perdón, un recurso didáctico que utiliza el Espíritu Santo para ayudarnos a trascender el mundo; así el propósito del mundo es enseñarnos que no hay mundo alguno.

mundo real - El estado mental en el cual, a través del perdón, el mundo de la percepción se libera de las proyecciones de culpa que habíamos puesto sobre él; así, es la mente la que cambia, no el mundo, y vemos a través de la visión del Cristo, la cual bendice en vez de condenar; el sueño feliz del Espíritu Santo que es el fin de la Expiación, al deshacer nuestros pensamientos de separación lo cual le permite a Dios tomar el último paso.

negación - *Mente errada*: evitar la culpa, empujando la decisión que la hizo fuera de nuestra conciencia, lo cual la hace inaccesible a la corrección o a la Expiación; equivalente aproximado de la represión; la negación es la creencia del ego de que él, y no Dios, *es* nuestro padre.
Mente correcta: se utiliza para negar el error y afirmar la verdad.

oración - Pertenece al mundo de la percepción, puesto que la oración es pedir a Dios algo que creemos que necesitamos; nuestra única oración verdadera es por el perdón puesto que éste devuelve a nuestra conciencia el hecho de que ya tenemos lo que necesitamos; tal como se usa aquí, la oración no incluye las experiencias de comunión con Dios que surgen durante períodos de quietud o meditación.

pecado - La creencia en la realidad de nuestra separación de Dios, la cual el ego considera como un acto imposible de corregir, puesto que representa nuestro ataque a Dios, Quien como consecuencia nunca nos perdonaría; esta creencia en el pecado lleva a la culpa, la cual exige castigo; el pecado es equivalente a la separación, y es el concepto central del sistema de pensamiento del ego, del cual lógicamente surgen todos los otros; para el Espíritu Santo, los pecados son errores que se corrigen y se sanan.

percepción - NIVEL I: el mundo de las formas y las diferencias de la post-separación, mutuamente excluyente del mundo del conocimiento; este mundo emana de nuestra creencia en la separación y no tiene realidad verdadera fuera de este pensamiento.

NIVEL II: la percepción viene de la proyección: lo que vemos internamente determina lo que vemos fuera de nosotros; por lo tanto, nuestra interpretación de la "realidad" es crucial para la percepción, en vez de lo que aparente ser objetivamente real.

Mente errada: la percepción del pecado y la culpa refuerza la creencia en la realidad de la separación.

Mente correcta: la percepción de oportunidades para perdonar sirve para deshacer la creencia en la realidad de la separación.

Ver: percepción verdadera

percepción verdadera - Ver a través de los ojos de Cristo, la visión que corrige las mal-percepciones del ego; no se debe equiparar con la visión física; es la actitud que deshace las proyecciones de culpa y que nos permite contemplar al mundo real en lugar del mundo de pecado, miedo, sufrimiento, y muerte.

perdón - Nuestra función especial la cual cambia la percepción de otro como "enemigo" (odio especial) o como "ídolo salvador" (amor especial) a una percepción de hermano o amigo, y le quita todas las proyecciones de culpa; la expresión del milagro o visión del Cristo, que ve a toda la gente unida en la Filiación de Dios, y que mira más allá de las diferencias aparentes que reflejan la separación; entonces percibir el pecado hace imposible el verdadero perdón; el perdón reconoce que lo que pensamos que nos hicieron realmente nos lo hicimos nosotros mismos, pues sólo nosotros podemos privarnos de la paz de Dios; por lo tanto, perdonamos a los demás por lo que *no* nos han hecho, no por lo que nos hicieron.

principio de escasez - Un aspecto de la culpa; la creencia de que estamos vacíos e incompletos, y que carecemos de lo necesario; esto nos lleva a buscar ídolos o relaciones especiales que llenen la escasez que experimentamos dentro de nosotros mismos; a menudo se asocia con sentimientos de privación por lo cual creemos que otros nos están privando de la paz de la cual en realidad *nos* hemos privado nosotros mismos; contrasta con el principio de abundancia de Dios.

proyección - La ley fundamental de la mente: la proyección hace la percepción—lo que vemos internamente determina lo que vemos fuera de nosotros.
Mente errada: refuerza la culpa y la coloca sobre algún otro, en quien la ataca y niega su presencia en nosotros; un esfuerzo para adjudicar a otros la responsabilidad de nuestra separación.
Mente correcta: el principio de extensión, que deshace la culpa al extender (proyectar) el perdón del Espíritu Santo.

regalo - *Conocimiento*: los regalos de Dios son amor, vida y libertad, los cuales jamás nos pueden ser arrebatados, aun cuando se pueden negar en este mundo.
Percepción: Mente errada: los regalos del ego son el miedo, el sufrimiento y la muerte, aun cuando a menudo no los reconocemos por lo que son; los regalos del ego son "comprados" por medio del sacrificio.
Mente correcta: los regalos de Dios son traducidos por el Espíritu Santo en perdón y gozo, y se nos dan en la medida que los damos a otros.
Ver: dar/recibir

relación santa - La unión en la visión del Cristo de dos personas que antes se percibían como separadas; el medio del Espíritu Santo para deshacer la culpa de una relación no-santa o especial y que cambia su meta hacia el perdón o hacia la verdad.

relaciones especiales - Relaciones sobre las cuales proyectamos la culpa, y que utilizamos como substitutos del amor y de nuestra relación con Dios; como todas las relaciones especiales retienen la culpa, las mismas refuerzan la creencia en el principio de escasez, y hacen lo que quieren defender; todas las relaciones en este mundo empiezan como relaciones especiales puesto que comienzan con la percepción de separación, la cual debe entonces corregir el Espíritu Santo a través del perdón para hacerlas santas; hay dos formas de relaciones especiales: el odio especial justifica la proyección de la culpa por medio del ataque; el amor especial esconde el ataque con la ilusión del amor, donde creemos que nuestras necesidades especiales las llenan personas especiales con atributos especiales, por lo cual las amamos; en este sentido el amor especial es el equivalente aproximado a la dependencia.

resurrección - El despertar del sueño de la muerte; el cambio de mente que triunfa sobre el mundo y trasciende el ego, y que nos permite identificarnos totalmente con nuestro Ser verdadero; también se refiere a la resurrección de Jesús.

revelación - La comunicación directa de Dios con Su Hijo la cual refleja la forma original de comunicación presente en nuestra creación; procede de Dios a Su Hijo, pero no es recíproca; un breve regreso a este estado es posible en este mundo.

rostro de Cristo - Símbolo del perdón; el rostro del ser libre de culpa que se ve en otro cuando miramos a través de la visión de Cristo, libre de nuestras proyecciones de

culpa; así, es la extensión a otros de la libertad de culpa que vemos en nosotros, independiente de lo que ven nuestros ojos físicos.
(Nota - No debe ser confundido con el rostro de Jesús.)

sacrificio - Una creencia central en el sistema de pensamiento del ego: alguien tiene que perder si otro va a ganar; el principio de renunciar para poder recibir (dar para obtener); ej., para recibir el Amor de Dios debemos pagar un precio, usualmente en la forma de sufrimiento para expiar nuestra culpa (pecado); es el opuesto del principio de salvación o justicia: nadie pierde y todos ganan.

salvación - La Expiación o deshacer de la separación; somos "salvados" de nuestra creencia en la realidad del pecado y la culpa por medio del cambio de mente que inducen el perdón y el milagro.

sanación - La corrección en la mente de la creencia en la enfermedad que hace que la separación y el cuerpo parezcan reales; la sanación está basada en la creencia de que nuestra verdadera identidad es el espíritu, no el cuerpo, así la enfermedad de cualquier tipo tiene que ser ilusoria, puesto que sólo un cuerpo o ego puede sufrir; así la sanación refleja el principio de que no hay orden de dificultad en los milagros; es el resultado de la unión con otro en el perdón, que cambia la percepción de cuerpos separados—fuente de toda enfermedad—por nuestro propósito compartido de sanación en este mundo.

Segunda Venida - El recobrar la conciencia de nuestra realidad como el Unigénito de Dios, que tuvimos en nuestra creación, la Primera Venida; precede al Juicio Final, después del cual termina este mundo de ilusión.

separación - La creencia en el pecado que afirma una identidad separada de nuestro Creador; la separación parece que ocurrió una vez, y al mundo que surgió de ese pensamiento lo simboliza el ego; es un mundo de percepción y de forma, de dolor, sufrimiento y muerte; la separación es real en el tiempo, pero se desconoce en la eternidad.

Ser - Nuestra verdadera Identidad como el Hijo de Dios; sinónimo de Cristo, la Segunda Persona de la Trinidad; contrasta con el ser del ego que hicimos como substituto del Ser Que Dios creó; raramente utilizado para referirse al Ser de Dios.

sueño - El estado de post-separación en el cual el Hijo de Dios sueña con un mundo de pecado, culpa y miedo y cree que ésta es la realidad y que el Cielo es un sueño; el Hijo, que es el soñador, es la *causa* del mundo el cual es el *efecto*, aun cuando esta relación entre causa y efecto parece que está invertida en este mundo, puesto que parece que somos el efecto o la víctima del mundo; ocasionalmente se usa para referirse a sueños en el sueño, aun cuando no hay diferencia real entre ellos y el soñar despierto, porque ambos son parte del mundo ilusorio de la percepción.

tener/ser - Estado del Reino, donde no hay distinción entre lo que tenemos y lo que somos; una expresión del principio de abundancia: todo lo que tenemos viene de Dios, y que jamás puede perderse o necesitarse y que incluye nuestra Identidad como Hijo Suyo; una parte integrante de las lecciones del Espíritu Santo

tiempo - NIVEL I: parte integrante del mundo ilusorio de la separación del ego, en contraste con la eternidad, que existe sólo en el Cielo; a pesar que el tiempo parece ser lineal, en verdad está contenido en un instante diminuto que ya ha sido corregido y deshecho por el Espíritu Santo.

NIVEL II: *mente errada*: medio para mantener el ego al preservar los pecados del pasado por medio de la culpa, la cual se proyecta al futuro por miedo al castigo y pasando por alto el presente, que es el único tiempo que hay.

Mente correcta: medio para deshacer el ego al perdonar el pasado a través del instante santo, el intervalo de tiempo de los milagros; cuando se completa el perdón, el mundo del tiempo habrá cumplido su propósito y desaparecerá en la eternidad.

Trinidad - Consiste de Dios, el Padre y Creador; Su Hijo, Cristo, nuestro verdadero Ser; y el Espíritu Santo, la Voz por Dios; en la Segunda Persona de la Trinidad se incluyen nuestras creaciones; la unidad de Sus Niveles no se entiende en este mundo.

Un curso de milagros - Frecuentemente el Curso se refiere a sí mismo; su meta no es el amor o Dios, sino el deshacer, a través del perdón, de las interferencias de la culpa y del miedo que impiden nuestra aceptación de El; por lo tanto, su enfoque principal está en el ego y su deshacer, más que en Cristo o el espíritu.

Voz por Dios - (*Ver: Espíritu Santo*)

Indice a las referencias a *Un curso de milagros*

texto

texto (continuado)

libro de ejercicios

libro de ejercicios (continuado)

manual para maestros

clarificación de términos

Títulos que recomendamos

Ausencia de felicidad
La historia de Helen Schuman,
la escriba de Un curso de milagros
Kenneth Wapnick

Despierta del sueño
Una presentación de Un curso de milagros
Gloria Wapnick y Kenneth Wapnick

Amor sin condiciones
Paul Ferrini

Los doce pasos del perdón
Paul Ferrini

Flores de Bach
38 descripciones dinámicas
Ricardo Orozco

Tu realidad inmortal
Cómo romper el ciclo de nacimiento y muerte
Gary R. Renart

La desaparición del Universo
Un relato sobre las ilusiones, las vidas pasadas,
la religión, el sexo, la política y los milagros del perdón
Gary R. Renart

Una introducción básica a Un curso de milagros,
de Kenneth Wapnick, fue impreso
y terminado en octubre de 2010
en Encuadernaciones Maguntis,
Iztapalapa, México, D. F.
Teléfono: 5640 9062.